新人力资本：测量、形成与作用

New Human Capital: Measurement, Formation and Implications

| 李晓曼　涂文嘉　著 |

图书在版编目（CIP）数据

新人力资本：测量、形成与作用/李晓曼，涂文嘉著．—北京：经济管理出版社，2019.9

ISBN 978-7-5096-6379-0

Ⅰ.①新…　Ⅱ.①李…②涂　Ⅲ.①人力资本—研究　Ⅳ.①F241

中国版本图书馆 CIP 数据核字（2019）第 227045 号

组稿编辑：宋　娜
责任编辑：张　昕　张玉珠
责任印制：黄章平
责任校对：赵天宇

出版发行：经济管理出版社
（北京市海淀区北蜂窝 8 号中雅大厦 A 座 11 层　100038）
网　　址：www. E-mp. com. cn
电　　话：（010）51915602
印　　刷：三河市延风印装有限公司
经　　销：新华书店
开　　本：720mm×1000mm /16
印　　张：11
字　　数：147 千字
版　　次：2020 年 6 月第 1 版　　2020 年 6 月第 1 次印刷
书　　号：ISBN 978-7-5096-6379-0
定　　价：98.00 元

目　录

第一章　新人力资本理论演进：测量、形成与作用

第一节　新人力资本概念的提出

基于传统人力资本研究框架，经济学家在关注个体后天的经济表现时大多聚焦于教育水平，在大量的实证研究中，简单地将教育作为潜在能力的代理变量，这样做的隐含假设是个体教育水平的差异可以较为准确地反映在劳动力市场上获得报酬的各种能力水平的差异。但是在我国劳动力市场上，即使教育水平相同的个体，运算、理解等技能差别仍然很大，可见在个人后天特征的决定中能力要素不容忽视。新人力资本理论开启了以"能力"而非"教育"为核心的研究框架，研究者们得以从更深层次去刻画人力资本的异质性。来自神经科学、经济学和其他社会学科的研究者们围绕着能力的构成、测量以及对个体不同时期的社会经济表现的影响等核心问题进行了理论探索与实证检验。本书在综述这些理论与实证研究的基础上构建了一个生命周期视角下的新人力资本概念框架图（见图 1-1）。新人力资本理论是一个贯穿整个生命的周期：从先天禀赋、早期多维环境对能力形成的影响，到生命中期以能力为核心的人力资本决定了个体经济社会行为发展，再到生命后期能力影响个体退休决策与寿命等的框架体系。本书的综述区别于以往的同类研究具有如下三个方面的特点：

1. 关注人力资本形成的“黑箱”

传统的人力资本概念以教育为核心，并将人力资本形成的过程视作黑箱，并不把此作为这一领域研究的关注点。而能力测量技术的进步拓展了传统人力资本概念的内涵，传统理论中关注的教育、经验和健康都与早期认知能力与非认知能力的形成密切相关。这使得社会科学研究者们有机会打开人力资本形成的黑箱，一窥能力形成的真相。也正因如此，以往围绕人力资本的综述大多关注其对后天个人经济和社会特征的影响，而较少涉及人力资本是如何被塑造和形成的。如图 1-1 所示，本书首先梳理了在生命周期的早期以能力为核心的人力资本是如何形成和被开发的。在这一框架中，以前被认为是不可测量的能力成为人力资本的核心要素，其分为认知能力与非认知能力两个维度。早期除基因禀赋外，家庭、学校、社区与国家政策干预共同构建了一个塑造以能力为核心的人力资本的多维环境，本书在此部分的综述中重点关注每一种维度的环境构成以及对能力早期形成施加了何种影响。

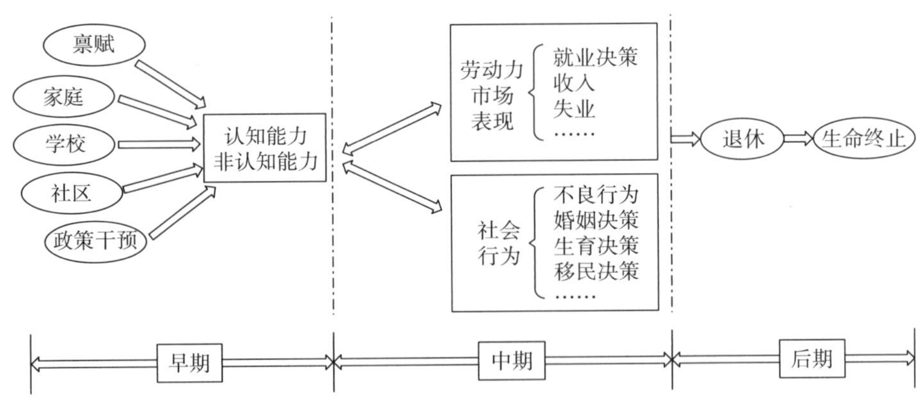

图 1-1　生命周期视角下新人力资本的概念框架

2. 以生命周期内人的发展为综述逻辑

人力资本概念的一个重要特点是其能够带来终身价值，因此我们也必须从生命周期视角来关注和理解新人力资本。原有这一领域的综述都围绕着新人力资本本身展开，旨在突出总结其为个体带来的经济价值和社会行为的改变。在生命周期视角下，贯穿研究综述的逻辑不再是以能力为核心的人力资本为个体带来了什么，而应该关注在人一生的成长与发展过程中，在每一个阶段的具体经历中，能力在其中扮演了什么角色。如图 1-1 所示，中后期认知能力与非认知能力一起决定了个体在劳动力市场与社会生活中所进行的各类决策及其表现，例如就业决策、收入决定、失业决策、退休决策、不良社会行为、婚育决策等，甚至还影响了个体生命周期的长度（寿命），基于这一框架我们得以从整个生命周期的角度，更深层次地理解和解释个人发展的多样性以及后天表现的不平等。

3. 关注经济学对该领域研究的重塑

由于新人力资本理论的研究涉及早期能力的形成与后期的经济社会表现，所以多学科的研究内容与方法在这一领域内产生大量的交叉与碰撞。例如神经科学关注早期能力的形成规律，心理学围绕认知能力与非认知能力的测量和发展开发了许多量表，经济学、组织行为学等社会科学将研究重点放在了能力的后天表现。但本书在这些跨学科的研究中更关注经济学的研究方法和思路对这一领域研究的推进。在能力的形成阶段，传统的心理学研究缺乏精确的模型，面对测量误差常常显得束手无策，除此以外组织行为学科中有大量的研究关注人格特征对晋升、绩效、培训等组织行为表现的影响，但其研究结论更多地停留在相关关系的识别方面而缺乏对其进行因果推断。经济学用更加精确的模型和有效的识别方法重塑了这一领域的研究，经济学家们运用工具变量、家庭固定效应模型等多种研究方法较好地克服了心理学家们经常面对的测量误差问题，并定义和估计了其中的因果机制，从而使研究结论具有更强的政策价值。从超越相关关系的因果效应的识别结果可以得知，围绕能力的形成应该如何实施投资和干预，并能够清晰地评估出有效的干预所产生的经济价值。

第二节 基于能力的新人力资本的内涵与测量

传统的认知能力在20世纪被提出，基于斯皮尔曼（Spearman）两因素理论，按照在所有活动中的参与程度被区分为一般认知能力（The G Factor）与特殊认知能力（The S Factor）。随后一般认知能力的概念不断地被扩充扩大，其中最具代表性的是美国心理学家雷蒙德·卡特尔提出了不随年龄增长而衰退的晶体智力（Crystallized Intelligences）与随着年龄衰退而减弱的流体智力（Fluid Intelligences），如图1-2所示，Heckman（2011）在总结传统认知能力分类的基础上构建了一个多层次的认知能力的分类和构成体系，将传统认知能力的分类与晶体智力、流体智力整合在一起，其中认知闭合性处于视觉感知能力的下游，而数学推理能力是一种典型的流体智力。

非认知能力指不直接参与认知过程，但对认知过程起作用的心理因素，如人格特征、情绪和心态等。早期的心理学家用自陈词语的方法去定义人格特征，然后把不同词汇类别归纳起来区分不同的人格特征，其中经常被用来预测个体生产效率的人格测量方法就是“大五人格”，与认知能力不同的是，非认知能力并没有统一的结构，其包含了从各种角度出发对人格特征的区分，风险偏好、控制性、自尊感等。为了将人格心理学与经济学整合到统一的研究体系去探讨，Heckman（2011）在总结Costa和McCrae（1992）、Goldberg等（1993）、John和Srivastava（1999）的基础上将大五人格特征与其他相关的人格特征描述进行了连接，以确保同一类别中的人格特征或者形容词相关性最大化，不同类别的人格特征的相关性最小。表1-1为我们展示了非认知能力的基准测量方法——大五人格维度与非认知能力的其他测量方法之间的关系。其中社会科学研究中经常使用的延迟满足与尽责性相关性很强，而组织行为理论中经常使用的内外控制性

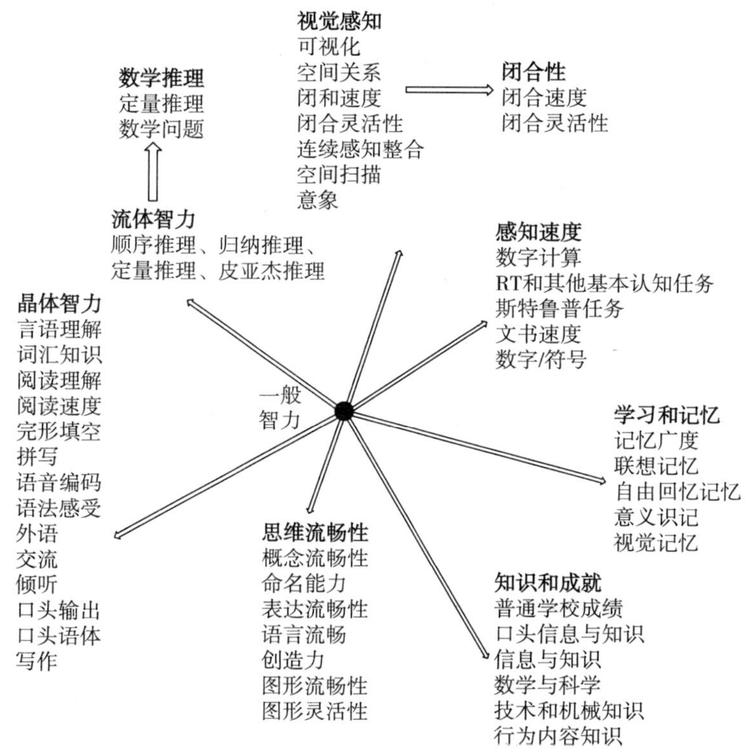

图 1-2 一般认知能力的分层结构及组成部分

资料来源：笔者根据 Heckman, J. J. Integrating Personality Psychology into Economics [J]. National Bureau of Economic Research, 2011, 33 (3): 1-31 整理得到。

测量、自尊感、自我效能等都与大五人格中的神经质维度高度相关，附录部分详细列举了已有文献中内外控制性测量、自尊感、自我效能以及大五人格的具体测量维度。此外，该表格还把早期人格特征与大五人格因素进行了连接，帮助我们更清晰地理解生命周期早期的环境会通过影响儿童人格形成来影响成人非认知能力的表现。最后，表 1-2 总结了在围绕新人力资本的研究中常用的认知能力与非认知能力维度以及部分测量工具。

表 1-1　大五人格概念解析及相近概念汇总

大五人格因素	美国心理学协会词典的描述	和其相关的特征形容词	相关人格特征	早期人格特征
尽责	有组织，有责任心，勤奋的倾向	能力（高效）、有序（有组织）、尽职（不粗心）、追求成就（有雄心）、自律（不懒惰）、熟思（不冲动）	坚毅、恒心、延迟满足、冲动控制、追求成就、志向、职业道德	注意力集中/（缺乏）注意力分散、努力控制、冲动控制/延迟满足、坚持、能动性
开放性	倾向于接受新的艺术，文化或智力体验	幻想（富有想象力）、审美观（艺术）、感知（兴奋）、行动（广泛的兴趣）、想法（好奇）、价值观（非传统的）	—	感官灵敏、享受低强度活动、好奇
外倾性	一个人的兴趣和精力朝着人与物的外部世界而不是主观经验的内心世界；以积极情感和社交能力为特征	温暖（友好）、合群（交际）、武断（自信）、活跃（精力充沛）、寻求刺激（冒险）、积极情绪（热情）	—	暴动、社交主导、社交活力、寻求刺激、胆怯、活跃、积极情绪、好交际的/隶属关系
宜人性	以合作，无私的方式行事的倾向	信任（宽恕）、坦率（不苛求）、利他主义（温暖）、服从（不固执）、谦虚（不炫耀）、温柔（同情）	共鸣、换位思考、合作	易怒、侵略性、任性
神经质	情绪稳定性是情绪反应的可预测性和一致性，没有急剧的情绪变化；神经质是一种长期的情绪不稳定和心理困扰倾向	焦虑（担心）、敌意（易怒）、沮丧（不满足）、自我意识（害羞）、冲动（喜怒无常）、易受压力（不自信）	内部与外部控制、核心自我评估、自尊、自我效能感、乐观主义中心轴、精神病理学（精神障碍）包括抑郁症和焦虑症	恐惧/行为、压抑、胆怯、易怒、挫折感、（缺乏）松弛性、悲伤

资料来源：笔者根据 Heckman，J. J. Integrating Personality Psychology into Economics [J]. National Bureau of Economic Research，2011，33（3）：1-31，整理得到。

表 1-2 以能力为核心的人力资本研究中常用的测量维度及其方法

类别	常用维度	研究中常用测量工具
认知能力	语言理解、推理能力、理解速度、数字能力、词汇运用、联想记忆、空间想象、晶体智力、流体智力等	学业成就测验（CITO）、皮博迪个人成就测验（PIAT）、韦氏智力量表、符号对应测试（A Symbol Correspondence Test）、单词流畅度测试（A Word Fluency Test）等
非认知能力	大五人格（外倾性、宜人性、尽责性、开放性、神经质）	NEO-PI-R 量表、NEO-FFI（60 个项目）量表、FFPI 量表、BFI 量表
	精神质、内外向、神经质、掩饰性	艾森克人格问卷（EPQ）
	控制性	罗特控制性量表
	自尊	罗森伯格自尊量表
	偏好（风险偏好、时间偏好）	设计有关利益和损失的实验

第三节 以能力为核心的新人力资本的形成

以能力为核心的新人力资本的形成主要集中在生命周期的早期，其中认知能力即智商在 10 岁后基本稳定，而以人格特征为主的非认知能力在生命周期内总体表现稳定，但在生命周期的中后期，能力仍然会根据个体经历而发生变化。例如“干中学”，但生命周期的早期仍然是认知能力与非认知能力形成的关键时期，也是家庭与公共投资进行干预时收益最高的时期，因此本书主要围绕早期环境对新人力资本形成的影响来展开研究。

在涉及早期人力资本形成与开发的研究中，能力如何形成是该领域最主要的议题，能力在很大程度上来源于禀赋遗传，早期基于对双生子研究结果表明人类的认知能力具有坚实的遗传基础，其遗传度在 40%～80%，并发现多个与人类认知能力存在相关性的基因，非认知能力有 40%～60% 的部分具有相对稳定的遗传性，亦有研究指出，禀赋只能部分遗传，基因的表现也会受到外在环境的影响和控制，这使得个体的能力既包含基因的成分，也受到外在环境的影响，从而使得其后天的行为表现综合了先天遗传和后天环境特征。接下来，本书主要围绕影响能力形成的四个环境维度，即家庭、学校、社区和政策来展开。

一、家庭对早期能力形成的影响

家庭对儿童早期认知与非认知能力的形成占据了最为重要的位置，国内外众多文献均研究了家庭对基于能力的人力资本形成的影响，本书按照三个模块即家庭资源、父母养育行为和家庭氛围来梳理这种影响。家庭资源指为了维持家庭的基本功能、应对家庭压力或危机状态，家庭所必需的物质资源。而家庭氛围指的是家庭环境的气氛与情调，是家庭成员在日常生活的相互关系中形成的，如夫妻关系、亲子关系等。父母养育行为指的是父母对孩子的要求和接纳程度，是父母教育或养育孩子的一种行为方式和方法。这三个模块从不同的角度来剖析家庭对个体的影响机制，同时又紧密关联，家庭资源主要指家庭的硬件条件，家庭氛围更侧重于软环境，而父母养育行为是处于家庭资源和家庭氛围中间的一种行为方式，父母的养育行为会受到家庭资源的影响，同时也会影响家庭氛围。

（一）家庭资源对能力形成的影响

家庭资源在能力的形成过程中占据了十分重要的地位，家庭资源的多少代表儿童可享受程度及可利用程度（Degree of Enjoyment and Utilization），在此基础上进一步分为先赋性的资源家庭背景和后致性的家庭结构。

1. 家庭背景

家庭背景即指家庭先赋性的社会经济地位，包括父母的受教育程度、收入和职业阶层等影响着孩子早期人力资本的因素。因此，此部分实证研究的技术重点在于如何控制遗漏的不可观测的基因遗传变量来获取家庭背景对能力形成的净效应，多数文献会使用工具变量来揭示这种因果关系。

Jr. Isaac McFarlin（2007）的研究发现，受父母教育水平和职业的影响，对比具有同等教育程度却未从事教师职业家长的孩子，教师的孩子不仅具有更高的认知能力水平，其在焦虑、抑郁等非认知能力上也具有更好的表现，并且出现反社会行为和其他问题行为的概率更低。这种效应在不同的生命周期内表现不同，在学龄时期教师父母对男孩的影响高于其在青春期对男孩的影响。此后，Meschi 等（2011）的研究再次印证了父母的教育水平对孩子能力水平的正向效应，分别测试父母在不同年龄阶段（童年、成年）的认知能力对儿童认知能力的影响，该研究指出如果父母在成年而非童年时期拥有更好的数学成绩和识字能力，那么他们的孩子就会具有更好的认知和非认知能力。为更好地厘清其中的因果关系，本书使用祖父母的教育水平这一工具变量来解决这一问题。其他文章也有相似处理，如 Brown 等（2009）利用父母特征与父母家庭背景作为工具变量去预测父母在童年时的技能水平。与学术界关于父母的教育水平与职业对早期人力资本的影响所得到一致性的结论不同，家庭收入对孩子的认知能力与非认知能力形成是否具有确切的正向效应则一直充满争议。Carlson 和 Corcoran（2001）对 7~10 岁儿童阅读成绩的分析发现，家庭收入对孩子的阅读成绩具有影响，但影响相对较弱，即家庭收入增加一倍，孩子的阅读成绩仅增加 3.2%。随后运用不同国家的儿童样本，对不同科目的成绩与家庭收入的影响的研究结论都支持前者的观点，即家庭收入对儿童早期认知能力测试分数的影响微弱，甚至没有影响。此外，仍然有许多学者列举出家庭收入与儿童认知能力密切相关的证据，但 Gary（2017）在对 Khanam 和 Nghiem（2016）的研究进行重新评估后指出应该考虑其中的异质性和内生性问题，他通过比较父母教育、职业地位和家庭收入三者对儿童认知能力的影响发现家庭收入对儿童的认知能力作用最小。此外，Jason（2016）认为将收入与儿童认知能力发展联系起来的主要渠道是儿童的健康，即家庭收入通过提高儿童的健康水平来提升他们的认知能力水平。

家庭收入对早期非认知能力形成的影响也一直伴随着争议。早期研究发现来自低收入家庭的儿童的情绪、情感能力都比高收入家庭的儿童更糟糕，但随着测量技术与估计方法的不断发展，学者们近来的经验证据表明这两者之间并非具有稳健的因果效应。Dooley 和 Stewart（2010）在运用固定效应模型后发现几乎没有证据表明父母的收入对儿童行为情绪的得分有显著影响。目前针对家庭收入对儿童认知能力与非认知能力存在争议的原因可能是很难利用调查数据来识别家庭收入与儿童能力表现之间的因果关系，其中不可观测的遗漏变量如父母的健康和技能，会造成家庭收入对儿童能力影响系数识别有偏，无法得出一致性的结论。

但无论研究进展到什么阶段，家庭资金的投资对儿童的认知能力与非认知能力的影响都是有限的。主流研究者认为对于儿童早期人力资本开发，时间比收入具有更高的投资收益。就金钱与时间对孩子能力的形成谁更重要的问题上，Boca 等（2014）指出在儿童认知能力上，父母投入更多的时间比花费更多的金钱更有价值，孩子年龄越小，这种收益越大。但是父母时间投入的效益也会随着儿童年龄的增长而减少，随着儿童的成熟，金钱投入的价值有所增加。这些结果与 Cunha 和 Heckman（2008）、Cunha 等（2010）的结果一致。

2. 家庭结构

家庭结构指家庭中成员的构成和其相互影响的状态，以及由这种状态所形成相对稳定的联系模式。现有文献主要围绕父母缺席及兄弟姐妹的个数这两个维度来研究家庭对儿童早期人力资本形成的影响。父母缺席对孩子能力的形成有着不可忽视的作用。Fu Ning（2016）发现相较于在单亲家庭中成长的男孩，在双亲家庭中出生和成长的男孩的收入更高，易发生行为问题的概率也比在单亲家庭中成长的男孩要减少 6.5 个百分点。研究还发现父母双方都缺席的孩子有较低的快乐感和满足感，语文和数学成绩更低，其中父亲缺席意味着孩子在物质、文化、情感和社会互动中享有较少的资源，这将导致留守儿童的行为调整能力低于与父母同住的儿童。值得指出的是父母缺席对孩子的不良影响存在着性别差异，对于认知能力，留守女孩相较于正常家庭中孩子的语文成绩和数学成绩分别下降了 3.13%和 3.79%，而留守男孩相较于正常家庭中孩子的两项成绩分别下降了 0.75%

和0.51%，显然缺少双亲的女孩在语文成绩和数学成绩上比男孩遭受更大的损失，而对于非认知能力，Zhang等（2017）认为父母缺席对兄妹的影响没有任何差别。

根据贝克尔的“子女数量—质量权衡”理论，同胞数量和结构是影响学生认知能力的重要因素。在实证研究中，这种同胞效应（Siblings Effect）在不同的能力维度上具有不一样的表现，并且具有较强的性别异质性。拥有兄弟姐妹对非认知能力一般具有正向影响，而对认知能力具有负向影响。因为随着子女数量的增加，可分配资源将变少，家庭对单个孩子的投资则产生挤出效应，子女获得的教育质量降低会对其认知能力产生负向影响。Radl等（2017）指出兄弟姐妹可以对其提供某些情感上的支持，增强他们的非认知表现，但对于数学成绩有负面影响。同胞数量对女生认知能力的负面影响更大。袁玉芝和叶晓梅（2017）利用中国教育追踪调查数据（CEPS）对子女数量对认知能力的影响研究发现，其之间呈负相关关系，其中三个子女及以上同胞构成对学生认知能力发展的负向影响最大，且女生受到的影响更大。对于非认知能力而言，同胞数量对男生具有正向影响。Cyron等（2016）认为在幼儿园时期，有姐妹的男孩比有兄弟的男孩表现出更高的数学和阅读技能、学习技巧和自制力，但对女孩的影响是微不足道的。然而这一效应随着男孩年级的提高会逐渐消失，这是因为随着年级的提高，正式教育中同伴群体如朋友、同学的陪伴可以有效地弥补早期家庭中缺乏的同辈效应。

（二）父母养育行为对能力形成的影响

父母的养育行为，作为对孩子能力培养的一种有意识的行为，从要求和反应两个方面来衡量父母的养育行为。

从要求维度来看，Baumrind（1971）最早研究了父母权威的教养方式对学龄前儿童行为的影响，并进行异质性研究，发现权威性的父母会提高女孩的独立性和行为的目的性，增强男孩的社会责任感。之后Abubakar等（2014）同样研究了权威性父母的教养方式对青少年的影响。发现父母采取权威性的教养方式可以有效提高青少年的心理健康和生活满意度，但指出独裁主义与青少年的心理健康没有任何关系。从反应维度来看，婴儿的照料强度直接影响了认知能力与非认知能力的发展，Japha 和 Klein（2009）将照料强度分为 0 小时/周~10 小时/周、10 小时/周~32 小时/周、32 以上小时/周三个层次，发现与经历过适度照料的儿童相比，接受高度照料的适龄儿童，其自理能力和接受语言的能力更强。Malmberg 等（2015）分别使用测量父母对孩子的信号反应能力的安斯沃斯的全局敏感性量表和测量父母实际采取的反应行为的易化性量表进行研究，发现母亲和父亲的敏感性与儿童的语言认知能力呈正相关关系，并且父母一方的敏感程度可以弥补另一方敏感性的不足。

母乳喂养对认知能力的作用逐渐受到国外学者的重视。Borra 等（2012）提出经历四周母乳喂养对孩子的认知测试成绩的正效应约为 0. 1 个标准偏差，所以提高母乳的喂养率，不仅有利于改善儿童的健康，而且还可以提高儿童的认知能力与非认知能力。Gibbs 和 Forste（2014）研究发现 3 个月以上的母乳喂养方式对儿童阅读技巧和数学能力具有正向影响。但遗憾的是作者无法确定母乳喂养与养育行为中的认知性刺激是否为因果关系，采取母乳喂养的女性平均受教育程度更高，因此孩子的高认知能力背后可能是能力的基因传递。另外，母乳喂养对非认知能力的影响仅在教育程度较低的母亲身上体现出来。

除上述正面的养育行为，也有一些不良的养育行为会对孩子的能力形成产生负面影响。吸烟对认知能力与非认知能力的发展有着严重的负面影响。Batty 等（2006）利用皮博迪个人成就测验（Peabody Individual Achievement Test，PIAT）来测试儿童的智商分数，发现孕妇每天抽一包香烟，孩子的智商分数比不吸烟的母亲所生的孩子分数低 2. 87 分。除孕期吸烟外，二手烟对孩子的认知能力产生的负面影响不亚于孕期吸烟所带来的影响，Abidin 等（2014）将接受二手烟的情形分为三类：怀孕时、学步时、当前三种阶段，在幼儿时期较其他阶段来说，接触了二手烟的儿童比那些没有接触过二手烟的儿童的认知能力低了三倍。

（三）家庭氛围对能力形成的影响

家庭氛围作为家庭软环境的主要指标，是家庭成员对于家庭和谐程度及总体情绪基调的主观感受，在早期人力资本的开发中，尤其是在非认知能力的形成中起到了至关重要的作用。其中，夫妻关系是家庭关系各个子系统中对子女影响最大的因素，对子女心理和行为的健康发展起着重要作用。国内外均有大量研究表明，孩子感知到的夫妻关系冲突会对其心理健康造成显著负面影响，而孩子并未感知到的夫妻关系冲突所产生的负向影响很小。幼年时父母间夫妻关系不良和婚姻破裂会增加子女在成年后出现焦虑、抑郁症状的概率。彭后鹏和罗五金（2004）的研究发现父母在孩子面前发生冲突会对孩子的社会适应能力及心理健康产生负面影响，甚至造成孩子严重的性格缺陷。刘湘玲和王俊红（2010）通过研究问题少年的人格得出更为细致的结论，父母婚姻冲突对其子女造成具体的心理问题有焦虑、抑郁、退缩、不服从、反社会行为和攻击性等。

亲子关系也是家庭系统中另一重要关系，亲子关系对子女的一生都有重要影响，亲子关系也是子女最亲密、接触最多、最早的人际关系。Burk 和 Laursen（2010）通过研究亲子关系与儿童行为诸如社会适应性、孤僻等的影响，发现良好的亲子关系可以有效地避免儿童行为问题的产生。Santiago 和 Wadsworth（2011）也同意上述观点，他们认为儿童情绪可以预测儿童的行为问题，而积极的亲子关系有利于减少抑郁、焦虑等负面情绪。Johnson 等（2014）认为良好的亲子关系有利于提高儿童的自我控制能力。

二、学校对早期能力形成的影响

学校特征也是影响学生早期能力发展的重要因素，这些特征包括班级规模、教学质量和同伴效应等。第一，学者对班级规模是否对学生的学习成绩产生影响一直存有争议，并且关于班级最优规模的研究结果并未达成一致，日本学者二木和美苗（2012）从班级规模与能力形成的角度，发现班级规模和数学、科学两个科目的学业成绩之间存在显著的负相关关系，关于非认知能力测量，数学“信心”（Mathematics“Confidence”）随着班级规模的减小而增加。而 Hanushek 等（2002）的研究结论却指出班级规模的大小与学生学习成绩之间并不存在相关性。第二，教学质量是影响学生成绩不可忽视的重要因素。Hanushek 等（2010）通过对比发达国家和发展中国家的研究发现，教学质量与学生的学习成绩之间存在显著的相关性，教学质量的差异是造成学生学业表现存在实质性差异的主要原因。第三，同伴效应（Peer Effects）指的是邻近的平等个体之间在各种社会关系中产生相互作用时，其中某一个体的行为及决策受到同群者行为及决策的影响。同伴效应对儿童认知能力与非认知能力的培养与发展有着重要的作用，Carrell 等（2013）通过实验设计研究大学生 SAT 口语成绩时发现，在班级内部学生比较容易形成小集体，并在小集体中通过社会交互产生同伴效应进而影响个体的口语成绩。Lavy 等（2012）利用固定效应模型对收集的学校数据进行估计后发现，留级生同伴对普通学生的学习成绩有负面影响，且导致教师教学实践的恶化，并增加了课堂混乱的程度。此外，近期的研究进展表明，师生交流的频率和校园霸凌也会显著影响学生的认知能力。

另外，国内经验表明学校住宿制度也会对认知能力与非认知能力产生影响。寄宿制学校会对弱势群体儿童的能力发展产生消极影响。黎煦等（2018）利用 2015 年河北省和四川省两省 5 县 137 所农村寄宿制学校的调研数据进行研究，发现寄宿会显著降低贫困地区儿童的阅读成绩，低龄和长时间寄宿造成的负面影响更为严重，并且这种效应仅存在于父母双方都在家或者父母一方在家的孩子身上，而对父母双方都外出的留守儿童来说，这种负面效应并不显著存在。周金燕和冯思澈（2018）研究了学校住宿方式对非认知能力的影响，其认为走读生比住宿生的宜人性得分、开放性得分、尽责性得分、情绪稳定性得分更高，在控制家庭背景后，这一效应仍然显著存在。

三、社区对早期能力形成的影响

积极或消极的社区环境对儿童早期人力资本的形成有着迥然不同的效应。从积极社区行为方面进行研究，Hawkinson 等（2013）发现接受幼儿园儿童保育补助的受惠者在数学和阅读成绩方面比没有接受的儿童还要低，但作者也指出若存在不可观测的因素来影响其是否可享受保育补贴，那么这一效应结果可能会反转。刘贵敏等（2010）利用自然实验研究发现社区综合干预（心理咨询、心理保健服务和健康教育）可有效地减少儿童心理行为问题，提高儿童的社会生活能力水平，提升儿童的非认知能力。周金燕和冯思澈（2018）的研究发现控制家庭背景因素后，经常参与邻居交往的儿童，其在大五人格中的情绪稳定性、开放性两个维度上表现得更好。

从消极社区行为方面进行探讨，研究人员认为社区贫困和暴力对儿童早期人力资本发展具有消极影响。McCulloch 和 Joshi（2001）认为邻里贫困与 4~5 岁以下儿童的认知测试成绩有很大的关联。Sharkey 和 Elwert（2011）研究结果证实了邻里关系和认知能力之间存在着一种强大的联系，这种联系可以跨越世代，即在一个极度贫困的社区中的长大经历对儿童认知能力有显著的负面影响，如果一个家庭连续两代接触贫困的邻里，就会显著降低孩子的认知能力。但值得指出的是与中国“孟母三迁”中重视邻里条件的观念不同，现有文献发现邻里条件对孩子早期能力的影响远远小于家庭因素对其的影响，可见我们仍然要将家庭视为促进早期儿童能力发展的关键因素。另外社区暴力也是经常被关注的话题，McCoy 等（2015）发现社区暴力对儿童的认知能力有直接影响，此外，社区暴力也可能使儿童成年后面临长期的心理问题。

四、政策干预对早期能力形成的影响

政策干预通过影响家庭、社区和学校来间接影响孩子早期人力资本的形成，所以政策干预成为国家提升宏观层面人力资本存量的重要手段。

第一，政策干预可以有效地弥补早期弱势家庭对孩子人力资本形成所产生的不良影响。赫克曼利用佩里幼儿园的实验数据（Perry Preschool）分析了早期干预对人力资本形成的影响。该项目对黑人低收入家庭的孩子进行学前干预实验，并对实验组和对照组的儿童展开长期的跟踪调查，实验结果发现幼儿园时期老师频繁地跟孩子交流与家访会显著提升孩子早期的认知能力，但实验组在智商表现上的优势到小学三年级就消失了，但这项干预所提升的非认知能力一直可以持续到成年。国家的人口政策通过改变家庭结构进而影响了孩子认知能力与非认知能力的发展。夏怡然和苏锦红（2016）通过利用 2005 年 1%人口抽样调查的微观数据来评估独生子女政策对人力资本水平的影响，研究结论显示该政策在提高独生子女人力资本水平上发挥了积极作用，即独生子女政策提高了教育水平。秦雪征等（2018）也同意以上观点，并使用同一数据利用多种计量方法进行了更加深入的研究，发现计划生育政策的实施有效提高了对子女的教育水平，但该影响是有限的，只在收入较低、信贷发展较落后的地区较为明显。

第二，国家推行的教育资助政策通过帮助学生更好地参与公共教育来影响公民早期认知能力与非认知能力的形成。王小龙（2009）根据四省（区）四县（旗）二十四校的样本数据，研究了农村义务教育“两免一补”政策对农户子女辍学的抑制效果，发现该政策通过增加收入来实现对学生认知能力的干预，使初中生的就学率提高了 6 个百分点。张俊娟（2018）则认为虽然教育资助政策给学生带来了经济上的援助，但不利于其心理健康，因此提出在完善经济资助体系的同时应加大心理援助的力度，进一步加强贫困生心理健康教育工作，做到经济资助和心理援助并举。美国曾颁布《不让一个孩子掉队法案》，目的是促进教育的公平，王文礼（2018）对其评估发现，该法案有效提升了美国中小学生的阅读成绩和数学成绩，但导致了科学教育在美国没有受到足够的重视，学生的科学成绩并没有得到提升。

第四节　以能力为核心的新人力资本对经济、社会行为表现的影响

在生命周期早期所形成的以认知能力和非认知能力为核心的新人力资本会对个体经济、社会行为表现产生显著影响。在劳动力市场上，能力可以直接或通过影响个体教育选择和教育回报率间接影响劳动力市场上的一系列经济行为表现，包括进入劳动力市场的决策、职业选择、收入、失业及最终退出劳动力市场的决策。同时，新人力资本还能够有效预测个体的不良适应行为、危险行为和成年时期的婚育行为等社会行为表现。

一、以能力为核心的新人力资本对劳动力市场表现的影响

（一）以能力为核心的新人力资本对劳动力市场进入决策的影响

当个体进入劳动力市场时，非认知能力在个体的就业模式和职业选择中比认知能力发挥了更为重要的作用。大五人格在个体选择创业还是受雇于他人的就业模式决策中扮演了重要的角色，早在 1989 年 Evans 等（1989）就研究发现，非认知能力是创业成功的重要决定因素，且神经质、宜人性水平较低的个体选择创业的可能性更大。更有研究发现大五人格对劳动者选择创业的影响比父母经营企业对其的影响大三倍，与受教育水平对选择创业的影响效应基本相当，其中开放性和外倾性对个人选择创业的影响最为明显，开放性和外倾性得分越高，神经质得分越低，劳动者创办企业和维持企业运转的可能性越大。此外，企业家的风险态度也是维持企业运转的重要决定因素，Caliendo 和 Fossen（2010）发现企业家的风险态度不仅影响企业家的决定，还影响企业家的生存率和失败率，即持风险中性态度的企业家比持风险厌恶或风险偏好态度的企业家身份维持的时间更

长。同时，新人力资本还会影响个体进入劳动力市场时的职业选择。Heckman 等（2006）发现认知能力和非认知能力均能显著影响劳动者的职业选择，认知能力分布处于中等水平的个体选择白领工作的概率是低认知能力群体的 2 倍多，非认知能力分布处于中等水平的个体选择白领工作的概率是低水平个体的 5 倍多。

（二）以能力为核心的新人力资本对劳动者收入的影响

基于能力的新人力资本对收入的作用机制分为两种。第一，通过影响个体的教育选择、教育表现和教育回报率间接影响其收入水平。第二，新人力资本直接决定个体在劳动力市场中的收入水平。其中第一种效应更强，Huang 等（2015）发现当剔除教育因素后，认知能力对收入的预测能力显著下降。

1. 能力对教育的影响

学者们在关注“能力—收入”效应时更多的是关注能力通过影响教育选择和教育回报率间接影响其收入水平。认知能力对教育表现的预测能力首先得到广泛证实。随着对非认知能力研究的开展，学者们发现非认知能力同样可以有效地预测学业成绩，尤其是在较高水平的正规教育中，其中大五人格特征中的尽责性是最为稳健地对个体教育程度产生积极影响的能力维度。Glewwe 等（2017）发现认知能力和非认知能力每增加一个标准差，学生选择留在学校接受教育的可能性分别会增加 8.3%和 9.5%。大五人格中的开放性会显著影响个体的受教育时间，即开放性每提高一个标准差，个体受教育时间增加 3%。其他非认知能力维度也会对个体教育选择产生影响。高自尊水平显著降低了个体（特别是女性）获得的教育水平，因为高自尊心的女孩更不愿意遵循父母让其留在学校的建议，这是致使男性受教育程度显著高于女性的重要原因。Bowles 等（2001）通过回顾在早期形成的能力对劳动力市场上教育回报率影响的研究发现，非认知能力相比较于认知能力更有助于提升教育回报率，但是这种回报优势主要来自男性。此外，能力对个体教育回报率的影响可通过教育对自身收入和对配偶收入两种不同的作用机制表现出来，即具有博士学位的女性教育回报率表现为自身的收入效应，而具有学士学位的女性教育回报率则表现为丈夫的收入效应。

2. 能力对收入的直接影响

认知能力是预测劳动者收入的最强有力的因素，但研究者发现认知能力的解释力度随着工作复杂程度的降低而降低，而非认知能力对工资的影响在中低端劳动力市场上表现得尤为突出。Heckman 等（2006）通过构建潜在变量模型，解决了传统研究中存在的测量误差、不完美代理和反向因果的问题，即控制了教育对收入的影响后，发现认知能力和非认知能力共同决定个体社会和经济生活的成功，在低技能的劳动力市场上非认知能力甚至更为重要。具体来说，Lindqvist 和 Vestman（2011）发现，虽然认知能力能很好地预测技能工人的工资且预测效果优于非认知能力，但在收入分布的底端非认知能力具有更好的解释力，即在收入分布中处于最低十分位的群体中，非认知能力对工资的影响力是认知能力的 2.5~4 倍。Eren 和 Ozbeklik（2013）通过使用罗森伯格自尊量表和罗特内外控制量表测量非认知能力，并使用标准分位数回归估计能力对收益分布的影响，发现非认知能力对收入分布中的较低分位数具有更大的影响。

除此之外，在其他测量手段下的非认知能力也显著影响个体的收入水平。高内控性人格通常预示着其在劳动力市场上的更高成就，而外控性人格的影响则相反。Heineck 和 Anger（2010）发现在外部控制性测试中，外部控制性得分前 25%的劳动者工资比得分后 25%的劳动者工资低 19%。Humphries 和 Kosse（2017）通过设计利益—损失彩票实验实证检验了风险偏好和时间偏好对经济行为表现的影响，即让受试者在当前交付的较小奖励与在未来特定时间交付的较大奖励之间做出选择，实验发现平均收入与风险规避和贴现率显著相关，即平均收入水平高的人风险厌恶程度低且具有延迟满足的能力。

3. “能力—收入”效应的异质性

能力对收入的影响作用在不同的职业类型、情境数据以及不同的性别中存在差异。Hartog 等（2008）发现员工和企业家从认知能力的不同方面受益，其中语言能力和文书能力对员工的工资影响更大，数学、社会及技术能力对企业家则更有价值，而对创业者来说各种能力的平衡才会带来更高的收入。Lindqvist 和 Vestman（2011）认为对管理者来说，非认知能力的回报要高于认知能力，而对技能工人来说，认知能力的回报却高于非认知能力。同样，非认知能力的不同维度在不同的情境、数据及不同性别中表现不一且尚未得出一致结论。具体来说，Seibert 和 Kraimer（2001）在不同职业类型和组织中通过大五人格量表中的 40 个问题对其非认知能力进行测量，发现外倾性每提高一个标准差会引起年收入增加 5706 美元。但是 Nyhus 和 Pons（2005）却发现外倾性对工资有一定的负面影响，而 Mueller 和 Plug（2006）、Heineck（2011）得出外倾性对工资没有影响的一致结论。Nyhus 和 Pons（2005）利用荷兰银行的家庭年度调查数据（DHS）并通过 FFPI 量表测量非认知能力，发现情感稳定性对男性和女性的收入均具有显著的正向作用，且宜人性只在收入分布低端对女性工资有负面影响，而 Mueller 和 Plug（2006）利用威斯康星州学生的纵向研究数据（WLS）进行研究却发现宜人性对男性工资的影响也很显著，即宜人性每增加一个标准差，男性工资会减少 4%～6%，同时适度的情感稳定性和较高的开放性与男性收入增加有关。Mueller 和 Plug（2006）的研究同时发现相比于男性，女性的开放性和尽责性每提高一个标准差，工资增加 2%～3%，且男性只在雇佣关系初期从尽责性中受益。但 Seibert 和 Kraimer（2001）的研究表明开放性对工资的作用是负向的，即开放性每提高一个标准差会引起年收入减少 5256 美元，同时在控制家庭效应后，尽责性对工资的影响效应会降低为零。

4. 非认知能力与性别工资差异

虽然 Flossmann 等（2008）在利用德国数据比较性别差异时发现，在控制教育或专业经验等方面后，没有证据表明非认知能力对工资的影响在两性之间存在显著不同。但在此之后一系列能力对收入影响的相关研究中，我们发现认知能力的收入效应存在性别异质性已然得到一致结论，而非认知能力对男女性别收入的不同作用机制是形成性别工资差异的原因：首先，直接机制即非认知能力与其回报率直接影响性别收入差异。例如Tognatta等（2016）发现在越南，控制职业类别后，经验开放性和情绪稳定性是解释性别工资差距的重要因素，平均来看男性在经验开放性和情绪稳定性特征上得到更高的回报。其次，间接机制即非认知能力通过教育、职业选择等方式间接影响性别收入差异，即女性劳动者进入服务业的概率更大，在服务相关的职业岗位上雇主可能更看重性格、情绪等特征，使得非认知能力对于女性来说回报更高。因此，为了厘清不同机制的作用，研究者需要采用结构方程在统一框架内研究非认知能力、教育、职业选择对收入差距影响的直接效应、间接效应与总效应等。

（三）以能力为核心的新人力资本对失业的影响

失业作为劳动力市场上的一种重要状态同样受到以能力为核心的人力资本的影响。大量的研究表明能力可以通过影响受教育水平来间接影响个体失业及再就业的概率。Kletzer（1998）研究证明教育水平较低的人更有可能失业，且再就业的概率更低并面临收益损失的风险。Nilsson和Anton（2015）利用瑞典全人口数据分别研究认知能力和非认知能力对失业概率的影响，发现几乎没有证据表明认知能力会对失业产生影响，但非认知能力的劣势会使男性在劳动力市场上遭遇长期失业，即非认知能力每下降一个等级，失业者获得就业的概率降低40%。Viinikainen和Kokko（2012）发现开放性与失业持续时间正相关，即开放性每增加一个标准差，失业持续时间会增加4~5个月的时间，这是因为开放性较高的人更容易频繁地退出原有工作而进入失业状态。外倾性和宜人性却表现出相反的影响，外倾性每增加一个标准差，失业持续时间减少3~5个月，宜人性每增加一个标准差，失业持续时间减少3个月。另外，神经质与失业率下降呈显著相关，即神经质得分高的劳动者失业的概率较低，当然这并不意味着神经质对就业存在积极效应，而是神经质得分更高的人往往有更长的单一失业期。此外，控制性与工作搜寻行为密切相关，从而影响了个体在劳动力市场上的表现。Caliendo 和 Cobbclark（2010）通过开发求职模型将工作搜索的主观信念与求职成功率相结合，发现高内控性的失业者找到工作的概率更高，因为高内控性的失业者倾向于将劳动力市场的成功归因为自我努力，因此会加大工作搜寻力度。

二、以能力为核心的新人力资本对个体社会行为表现的影响

（一）以能力为核心的新人力资本对个体不良社会行为的影响

新人力资本不仅会影响个体在劳动力市场上的经济表现，也会对个体社会行为产生显著的预测效果，特别值得指出的是，在诱发个体行为变化时，非认知因素的诱发效应显著大于认知因素。大量实证研究证明非认知能力对青少年社会适应行为，尤其是不良社会适应行为的预测作用更大。聂衍刚等（2008）采用自编《青少年社会适应行为量表》和大五人格简式量表对中学生的社会适应能力和大五人格之间的关系进行了探讨，研究发现尽责性、外倾性、宜人性、开放性与大部分不良社会适应行为存在显著负相关关系，而神经质与大部分不良社会适应行为存在显著正相关关系。此外，非认知能力对个体社会行为的影响还表现在青少年吸烟、饮酒、打架、吸毒、网络成瘾、不良性行为、犯罪等危险行为方面。Heckman 等（2006）通过研究危险行为的影响作用证明，非认知能力缺陷比认知能力缺陷更容易诱发个体危险行为。当然，能力也会通过教育对社会行为产生影响，Heckman 等（2008）在研究风险行为的决定因素时发现，在能力的驱动下，随着学校教育水平的提高，有不负责任行为的可能性会降低。

（二）以能力为核心的新人力资本对婚育、移民决策等的影响

个体的婚育行为同样受到能力尤其是非认知能力的影响。总的来说，

外倾性、宜人性对婚育行为有正向效应，而开放性、尽责性和神经质则恰恰相反。即宜人性得分更高的个体初婚初育的年龄更小，对婚姻质量的满意度更高且拥有孩子个数更多，而高开放性个体更倾向于推迟或者放弃婚姻，通常初育的时间也更晚。大五人格与婚育行为之间的关联可以解释为高外倾性、高宜人性的个体往往更容易获得爱情，且在生育决策上存在更少的心理障碍。而高开放性、尽责性的个体因有较高的成就动机和非传统的婚育理念，因此个体婚育决策倾向于推后实行。高神经质个体却因体验到更多的负面情绪容易陷入抑郁，使得婚姻关系更加不和谐，最终导致对婚育行为的负面影响。此外，能力还会对移民行为产生影响，Butikofer 和 Peri（2017）认为认知能力和适应能力与移民的可能性存在很强的正相关关系，即认知能力每提高一个标准差其在 1980 年前永久移民的概率增加 5%，并将其影响机制解释为认知能力增加了与迁移有关的货币收益。

第五节　生命周期后期以能力为核心的新人力资本的作用

一、以能力为核心的新人力资本对退休决策的影响

以能力为核心的人力资本还会对个体退出劳动力市场的决策产生显著影响。研究表明认知能力较高的人更有可能延迟退休，而非认知能力则可以有效评估并提前退休，例如责任心较高的人认为自己表现不佳是不再适应工作要求的标志，从而选择提前退休。Blekesaune 和 Skirbekk（2012）利用挪威综合调查的大数据证实，人格特征确实可以预测并提前退休，但人格特征仅可以预测因残退休的情况，其中宜人性和外倾性特征可以降低残疾退休的可能性，神经质增加了女性因残退休的可能性，而开放性增加

了男性因残退休的可能性。Robinson 等（2010）通过设计在线问卷对大五人格与退休原因、退休生活满意度、退休经历进行调查，发现神经质是与退休原因、退休生活满意度和退休经历联系最紧密的人格维度，即神经质越高的人对其退休原因越有负面看法，对退休后生活满意度越低且退休后更容易经历不愉快的事。此外，高宜人性、高尽责性和低神经质的个体在退休后更易经历愉快的生活体验，对退休后生活满意度也较高。

二、以能力为核心的新人力资本对寿命的影响

在步入生命周期后期时，以能力为核心的新人力资本可以与生物学因素、社会因素共同预测老年寿命，其中非认知能力比生物学因素更能有效地预测老年人的寿命。非认知能力对寿命的影响通过三种机制实现，第一，行为途径，即非认知能力通过影响危险行为和社交网络来间接影响寿命。第二，应激行为反应，即面对应激事件的态度。第三，自我治愈，即非认知能力通过影响个体的自我调节能力影响寿命。在这三类机制中，尽责性是寿命长度最为重要的预测因子。另外，控制感对寿命也具有较好的预测力，即对社会角色控制感越高的老年人死亡率相比于其他老年人更低。另外，个体延迟满足的能力可以通过影响健康行为决策间接影响个体寿命和生命后期的生活状态。

第六节　本章结论与展望

一、结论

综上所述，早期人力资本的形成是一个由家庭、社区、学校和国家多主体共同参与协同作用的过程，不能把单个主体产生的影响独立来看，其中家庭因素的影响起着最为重要的作用，美国于 1966 年发布的《科尔曼

报告》（*Coleman Report*）和英国中央教育咨询委员会于1967年发表的《普洛登报告书》（*Plowden Report*）都表明家庭比学校能更好地解释学生成绩的差异，这一结论使人们意识到家庭因素对学生成绩的重要性，随后越来越多的证据支持了这一论断。而在生命周期的中后期认知能力和非认知能力对个体经济、社会行为表现所发挥的作用则各有侧重。在经济表现中，认知能力比非认知能力更重要，但是在工作复杂度低的劳动力市场中，非认知能力扮演着重要的角色。在各类社会生活决策中，非认知能力发挥了不可替代的作用，但依据样本所处的情境差异，发挥作用的能力结构有所不同。另外，非认知能力比生物学因素更能有效地预测老年人的寿命。

在以能力为核心的新人力资本的实证研究中，不同阶段的研究内容所要克服的识别方法的难点各有不同。在早期能力形成的研究中，大部分的文献必须要克服不可观测的禀赋对儿童能力形成的影响，只有这样才能将家庭层面的环境因素进行归因。家庭投资行为、家庭氛围以及学校和社区环境变量中都具有很强的内生性，再加上遗漏变量的存在，这些都要求研究人员采用更合适的经济模型来进行因果关系的识别。最常采用的方法是选择良好的工具变量来克服内生性。当然也有研究在使用双胞胎数据的基础上采用家庭固定效应模型来克服不可观测的禀赋扰动。而在能力对个体在中后期经济社会表现的研究文献中，研究者主要克服的是能力与行为表现的反向因果问题以及教育机制作为混杂因素对因果效应的扰动。在这一方面处理较为全面的是 Heckman 等（2006），其通过构建能力潜在变量模型对测量误差和内生性加以控制，同时解决了传统研究中存在的测量误差、不完美代理和反向因果关系的问题。未来的研究还需要继续探索出更优的识别策略。

二、展望

在新人力资本理论的研究进展中，多学科的研究内容与方法交融互动，其中将经济学与人格心理学整合在一起的主要挑战是如何将人格特征与传统经济学中通常假定不发生变化的偏好机制、约束与期望连接在一起，从而使得原有经济学理论模型得以更新。借助经济学的研究方法，心理学和组织行为学也同时需要在自己的研究情境下开发出更为严格的实证方法去识别其中的因果关系。除此以外，虽然对能力在生命周期中的稳定性还存在争议，但大部分的神经科学证据均显示能力在生命周期中具有一定的可塑性，因此后天的经历和生活过程对能力发展和重塑效应不能被完全忽视，这可以成为日后这一领域学者们进一步关注的研究命题。

第二章　家庭环境对早期新人力资本形成的影响

第一节　研究背景

生命早期对儿童大脑和未来成长影响深远，对儿童发展投资越早，收益越早，回报越高（卢迈，2017），诺贝尔经济学奖获得者 Heckman 研究表明，儿童早期发展阶段投资 1 元钱，将获得 7～16 元的回报。为儿童早期发展提供支持的政策是对儿童发展的重要投资，也是对未来公民与劳动力的投资，甚至是对世界未来的投资（雷克，2017）。联合国儿童发展基金会在 2017 年发布的《生命早期对每一名儿童至关重要》的报告中指出如果不能保护最弱势儿童，为他们提供早期发展的机会，那么将降低整个社会和经济的发展潜力。中国发展研究基金会发布的《中国儿童发展报告2017》中提出要将儿童早期发展问题明确纳入国家反贫困战略，建立全程干预、全面保障的贫困地区儿童早期发展体系，使每个儿童都能享有阳光起点。在儿童生命的早期，父母和其他照料者是关键因素，儿童在值得信赖的亲密关系中获得关爱和温暖，产生安全感，形成敏感的互动以及亲子间的积极探索，从而促进儿童认知、心理和社会交往的健康成长，如果缺乏这样的亲密关系，儿童的发育就会受到阻碍，且后果可能是严重的、长期的（卢迈，2017）。父母与家庭环境在认知能力与非认知能力的形成过程中扮演着重要角色，能力强和参与程度高的父母有助于孩子这两种技能的培养，从而使得个人之间的能力差异在早期已经形成（Cunha，et al.，2006）。Carneiro，Cunha 和 Heckman（2003）研究发现，孩子能力差异与其家庭背景高度相关，当控制了这个变量时，孩子之间的能力差异显著降低。Caldwell 等探讨了家庭环境对儿童认知能力的影响，其中对认知能力有影响的家庭因素主要有两类，分别为背景性家庭环境和特殊性家庭环境①。父母为了孩子能力的培养愿意付出金钱和时间，为孩子创造良好的家庭环境，但对于父母来说，是放弃获得更多收入的机会还是投入更多的时间与孩子沟通却是两难的选择。家庭收入和家庭沟通环境，哪一个对孩子认知能力和非认知能力的形成更重要？这正是本书要探讨的问题。

国内外关于家庭环境和认知能力两者的研究比较多，主要包括两个方面，第一，关注背景性家庭环境对认知能力的影响，包括父母的受教育程度、家庭经济地位、家庭收入和孩子出生顺序等单一因素的影响（赵平，2002；Heiner & Noah，2017；肖树娟、陈敏倩、冯晓霞，2009；Heiland，2009）；第二，只关注特殊性家庭环境对认知能力的影响，主要有父母的教养风格、父母的参与、父母的育儿方式（Coley，Bizan & Carrano，2011；Maryellen，2015；Khanam & Nghiem，2016）。关于家庭环境对非认知能力的影响因素研究，国内外的研究比较少，主要是背景性家庭环境的研究，其中影响因素有兄弟姐妹的性别差异、母乳喂养、父母受教育程度、经济条件、阶层地位（Cyron，Schwerdt & Viarengo，2016；Cristina，Iacovou & Sevilla，2012；李丽等，2017）。

现有的研究主要存在以下两个方面的问题：①国内外关于非认知能力影响因素的研究很少，仅有的几篇主要是对背景性家庭环境的研究，并没有考虑特殊性家庭环境的影响。②认知能力和非认知能力影响因素的研究

---

① 背景性家庭环境包括社会经济状况、父母受教育程度和职业、家庭经济收入、家庭形态结构、儿童长幼顺序等，而特殊性家庭背景包括父母照顾和抚养儿童的态度，与儿童相互作用的方式，父母与孩子的沟通等（万国斌，1998）。

视角单一，没有综合考虑不同类型的环境对认知能力和非认知能力的影响，并且没有区分两者的差异。本书使用2010年中国家庭追踪调查数据，综合考虑背景性家庭环境和特殊性家庭环境对认知能力和非认知能力的影响，比较这两类环境的差异，并进一步详细地讨论不同家庭环境对认知能力和非认知能力维度的影响，从而指导父母的行为，提高家庭人力资本投资的效率，为公共人力资本投资政策提供实证依据。

第二节　数据、模型与变量

一、数据来源

本书使用的数据来自2014年中国家庭跟踪调查（China Family Panel Studies，CFPS）。CFPS的调查对象为除港澳台地区、新疆、西藏、青海、内蒙古、宁夏和海南以外的中国25个省、自治区和直辖市，覆盖了全国95%的人口，CFPS的抽样采用了内隐分层和与人口规模成比例的系统概率抽样法，以所属行政区和社会经济地位为主要分层变量。数据有两个方面的优势：①该数据包含了本书所有变量的信息；②CFPS数据被视为一个具有全国代表性的样本（谢宇等，2014）。CFPS对10岁及以上的少儿和所有成人的能力发展状况进行了长期的测试与评估，并采用独立问卷来长期跟踪少儿的成长与发展状况。在调查对象上，10岁及以上少儿问卷既有父母（或监护人）代答部分，也有少儿自答部分，CFPS对少儿建立专门的数据库，同时有翔实的家庭背景信息可供综合分析（谢宇等，2014）。本书以10~15岁的少儿作为研究对象，符合的样本量为3464个，筛除缺失值后，实际用来分析的样本有2602个。

二、模型设定

根据因变量的类型特点，认知能力和非认知能力都是连续变量，因此采用多元线性回归分析方法，建立多元回归模型来分析家庭环境对认知能力和非认知能力的影响。本书构建以下的多元回归模型：

$$Y_i = \alpha + \beta P_i + \gamma A_i + \varepsilon_i \tag{2-1}$$

其中，i 表示每一个少儿，Y 表示因变量即少儿的认知能力或非认知能力，P_i 表示核心自变量即家庭环境，包括家庭收入和家庭沟通环境，家庭沟通环境中包括父母与孩子的沟通和父母对孩子作业的检查。A_i 表示其他解释变量，包括性别、户口、健康状况、父母受教育程度、兄弟姐妹个数和受教育年限等。α 为截距项，ε_i 为误差项，β 为核心自变量的待估系数，γ 表示其他自变量对认知能力或非认知能力的影响效应。

三、变量操作化

本书的研究主题是家庭环境对认知能力和非认知能力的影响，因而如何衡量家庭环境、认知能力和非认知能力是关键性问题。

1. 被解释变量

本书的因变量是子女的认知能力和非认知能力，认知能力参考谢宇等（2014）的做法，选用 2014 年 CFPS 问卷中的字词识记能力和数学能力模块来衡量子女的认知能力。在测量字词识记能力时，访员会要求受访者用普通话读一组词语，这组词语是按照由易到难的顺序进行排列的，受访者所答对的最难的一道题的题号即为字词识记能力的得分。在测量数学能力时，访员会要求受访者回答一组数学测试题，这组测试题同样按照由易到难的顺序排列，受访者答对的最难的一道题的题号即为数学能力的得分。字词测试的原始得分在 0~34 分，数学测试能力的原始得分在 0~24 分。非认知能力的评估主要是通过“大五人格”模型进行测量（Nyhus，2005；Mueller，2006；Heineck，et al.，2010）。本书的实证分析将基于“大五人格”模型展开，其中的 5 个人格维度及具体内涵（Costa，et al.，1999）如表 2-1 所示。

表 2-1 大五人格及其解释

个性特质	解释
开放性（Openness）	开放性越强，表明思维创造能力越强，有想象力、好奇心强、乐于接受新事物新理念，与传统和谨慎相对
尽责性（Conscientiousness）	尽责性越强，表明做事效率高，从容行事、细心严谨、奋力追求成功、自律性强，与随意粗心相对
外倾性（Extraversion）	外倾性越强，表明外向活泼，善于社交、有旺盛的精力、喜欢寻找冒险刺激的事、热心帮忙，与孤僻或沉默寡言相对
宜人性（Agreeableness）	随和性越强，表明易于顺从，谦逊、脾气温和、有同情心、为他人着想，与愤世嫉俗、多疑并富有心计相对
神经质（Neuroticism）	神经质越强，表明容易焦虑和发怒，时常有沮丧情绪、敏感、神经紧张、抑郁，与具有安全感相对

本书借鉴乐君杰和胡博文（2017）的做法，以问卷中“自我报告”数据为主，依照“大五人格”模型，具体变量设计如下：

（1）神经质用以下问题来衡量。“最近 1 个月，你感到情绪沮丧、郁闷，做什么事情都不能振奋的频率？”“最近 1 个月，你感到精神紧张的频率？”“最近 1 个月，你感到坐卧不安、难以保持平静的频率？”问题的回答分别为“几乎每天”“经常”“一半时间”“有一些时候”“从不”，并依次赋值为 1~5 分，分值越高，表示情绪越稳定。

（2）宜人性用“你认为自己的人缘关系有多好？”和“你认为自己在与人相处方面能打几分？”来衡量。受访者根据自身的情况进行打分，分数范围在 1~10 分。为了研究方便，本书把 10 分转化为均等的 5 分，分数越高，表明随和性越强。

（3）尽责性的衡量包括以下问题。“对于事情我总是准备充分。”“我很注意细节。”“我喜欢有条理。”“我会按照自己的日程做事情。”“在学习中我很仔细。”“我做事情细致周全。”“我总是随意摆放自己的物品。”“我总是把东西弄乱。”“用完的东西我总是忘记把它们放回原处。”需要说明的是，后面三个问题与前面五个问题表达的意思对立，所以在本书中，将该三题的数据进行反向赋值，使尽责性的所有问题代表的方向一致。问题的回答选项分别为“十分同意”“同意”“既不同意也不反对”“不同意”“十分不同意”，分数越高，表示责任心越强。

在非认知能力的维度中含有两个及以上的问题，对多个问题的得分取均值，得到该维度的测量变量，在此基础上，通过 3 个维度的信息加总，得到非认知能力的“总指数”，以便全面考虑家庭环境对非认知能力的影响。由于数据条件限制，暂时无法获得关于外倾性和开放性的代理变量。

2. 解释变量

本书的自变量包括兄弟姐妹个数、父母受教育程度、家庭纯收入、家庭沟通环境等。核心自变量是家庭收入和家庭沟通环境。本书的家庭沟通环境包括两个维度，父母和孩子的沟通与父母对孩子作业的检查，在少儿问卷中对应的问题分别为“您经常和孩子讨论学校里的事情吗?”“您经常检查孩子的家庭作业吗?”，两个问题的答案都是“很经常”“经常”“偶尔”“很少”“从不”，对问题依次赋值为 1~5 分；为了解释方便，本书把赋值分数调整为频率越高，分值越高，即“很经常”赋值为 5 分，以此类推，“从不”赋值为 1 分。本书用家庭纯收入来表示家庭收入，并对其取对数。用父母较高一方的受教育程度来表示父母的受教育程度。用家中兄弟姐妹的个数来表示家庭结构，兄弟姐妹不同，父母对每个孩子花费的时间不同，我们通过兄弟姐妹个数这一变量来控制孩子个数不同的家庭环境差异。为了便于研究结果的解释，我们对解释变量和被解释变量进行了标准化处理，标准化后均值为 0，方差为 1。本书的人口特征变量包括受访者性别、户口、受教育程度、健康状况。性别为虚拟变量，女性为参照组。由于我国城乡的家庭环境差距比较大，拥有农村户口的孩子，其成长的家庭环境相对较差，所以我们按照孩子现在的户籍状态将户口作为虚拟变量，以非农村户口作为参照组。健康状况为虚拟变量，非健康状况为参照组，根据问卷中“你认为自己身体的健康状况如何?”回答分别为“健康”“一般”“比较不健康”“不健康”“非常不健康”，把其中回答为“健康”

和“一般”的赋值为 1 分，表示健康状况良好，把其他的回答赋值为 0 分，表示非健康状况。主要变量的描述性统计详见表 2-2，表 2-2 中展现的结果是数据未被标准化的结果。

表 2-2 主要变量的描述性统计

变量名	定义	均值（标准差）
认知能力	数学和字词测试得分加总	31.82（10.96）
数学测试得分	24 个数学测试	10.45（4.57）
字词测试得分	34 个字词测试	21.37（7.51）
非认知能力	神经质、宜人性和尽责性的总和	10.41（1.29）
神经质	沮丧程度、紧张和不安程度三个问题的平均得分	4.10（0.81）
宜人性	你认为自己的人缘关系有多好？你认为自己在与人相处方面能打几分？两个问题的平均得分	3.99（0.86）
尽责性	对于事情我总是准备充分；我很注意细节；我喜欢有条理等问题的平均得分	2.32（0.48）
兄弟姐妹个数	除样本以外，家庭中剩余孩子的个数	1.26（0.66）
父母受教育程度	父亲和母亲两者中受教育程度最高的	2.84（1.31）
家庭纯收入	调整后的家庭纯收入取对数	10.32（1.20）
家庭沟通环境		
父母和孩子的沟通	您经常和孩子讨论学校里的事情吗？	2.34（2.34）
对孩子作业的检查	您经常检查孩子的家庭作业吗？	2.60（2.47）

续表

变量名	定义	均值 （标准差）
人口特征变量		
性别（%）	1=男性，0=女性	53.19
户籍状况（%）	1=农村，0=非农村	78.75
健康状况（%）	1=健康和一般，0=一般以下	65.45
受教育年限	幼儿园=0，小学=6，初中=9，高中=12	5.32 （4.62）

注：表中连续变量给出的是均值和标准差，分类变量给出的是百分比。

第三节　结果与分析

本书实证部分主要包括两个步骤，第一，首先纳入所有的人口特征变量、兄弟姐妹个数和父母受教育程度作为基准模型；其次在基准模型的基础上分别加入家庭纯收入和家庭沟通环境变量，观察两类家庭环境变量对认知能力是否有影响，最后为了考察家庭环境对认知能力的共同影响，将两类家庭环境同时纳入模型中，进一步探讨其对数学测试得分和字词测试得分的影响。对非认知能力也做同样的研究。第二，比较家庭收入和家庭沟通环境对认知能力和非认知能力的影响程度，探讨家庭收入和家庭沟通环境谁对子女认知能力和非认知能力的影响更大。

（一）家庭收入和家庭沟通环境对认知能力的影响

表2-3中模型（1）为基准模型，模型（2）中加入家庭纯收入，在其他条件不变的情况下，家庭纯收入取对数每增加1个标准差，认知能力得分提高0.052个标准差，和现有研究（Claire E. Baker，2015；Violato，et al.，2011）得到的结果类似。模型（3）中加入家庭沟通环境，结果表明父母与

孩子沟通频率越高，孩子的认知能力得分越高，与中国民生发展报告（2015）的结论一致，报告中指出家长与孩子之间的沟通对孩子的学业成绩有显著影响。父母检查孩子作业频繁程度对孩子认知能力有显著的正向影响，说明父母对孩子学业的监督，对孩子认知能力的提升有一定的促进作用。家庭沟通环境变量的系数大小分别为 0.429 和 0.105，均大于家庭纯收入对认知能力的影响系数 0.052，表明家庭沟通环境对认知能力的影响更大。模型（4）中将家庭收入和家庭沟通环境同时纳入，关注两类家庭环境的“合力”。表中结果显示，两类家庭环境对认知能力均有显著的影响，其中父母与孩子的沟通影响最大，系数为 0.454，即与物质条件相比，与孩子更多的相处时间对孩子认知能力的影响更大。模型（5）与模型（6）是两类家庭环境对数学测试得分和字词测试得分的影响结果，由表中可知，两类家庭环境对数学测试得分和字词测试得分有显著的正向影响。

表 2-3 家庭收入和家庭沟通环境对认知能力的影响

解释变量	认知能力				数学测试	字词测试
	（1）	（2）	（3）	（4）	（5）	（6）
户籍状况	-0.125*** （0.542）	-0.127*** （0.561）	-0.090*** （0.517）	-0.088*** （0.533）	-0.069*** （0.227）	-0.086*** （0.375）
受教育年限	0.284*** （0.0433）	0.275*** （0.0442）	0.718*** （0.0779）	0.742*** （0.0805）	0.692*** （0.0343）	0.664*** （0.0567）
性别	-0.056*** （0.396）	-0.060*** （0.408）	-0.054*** （0.376）	-0.058*** （0.386）	-0.021 （0.164）	-0.072*** （0.271）
健康状况	-0.005 （0.415）	-0.008 （0.428）	-0.021 （0.395）	-0.021 （0.405）	-0.015 （0.172）	-0.022 （0.285）
兄弟姐妹个数	-0.071*** （0.305）	-0.072*** （0.314）	-0.058*** （0.290）	0.078*** （0.169）	-0.039** （0.127）	-0.067*** （0.209）
父母受教育程度	0.133*** （0.170）	0.112*** （0.178）	0.104*** （0.162）	-0.062*** （0.297）	0.097*** （0.0720）	0.055*** （0.119）

续表

解释变量	认知能力				数学测试	字词测试
	(1)	(2)	(3)	(4)	(5)	(6)
家庭纯收入		0.052*** (0.179)		0.057*** (0.169)	0.067*** (0.0721)	0.042** (0.119)
家庭沟通环境						
父母和孩子的沟通			0.429*** (0.158)	0.454*** (0.163)	0.395*** (0.0696)	0.423*** (0.115)
对孩子作业的检查			0.105*** (0.160)	0.115*** (0.165)	0.134*** (0.0701)	0.086** (0.116)
样本量	2602	2465	2602	2465	2465	2465
R^2	0.159	0.160	0.244	0.252	0.220	0.204

注：表中的系数为标准化的系数①，括号中表示标准误，**、***分别表示在5%、1%的水平上显著。

（二）家庭收入和家庭沟通环境对非认知能力的影响

表2-4中模型（7）是基准模型，模型（8）中加入家庭收入，结果表明，家庭收入对子女的非认知能力没有显著的影响，因为本书的研究主体为10~15岁的少儿，他们的心理表现不会受到经济状况的干扰。模型（9）中，家庭沟通环境对非认知能力有显著的影响，父母与孩子沟通的频率增加1个标准差，非认知能力会增加0.163个标准差，表明父母与孩子的沟通频率越高，孩子的非认知能力得分越高，安伯欣（2004）的研究表明良好的亲子关系对孩子的自尊发展和心理健康均有积极影响，良好的沟通有助于建立良好的亲子关系，与我们的研究结果相符，但父母检查孩子的作业对孩子的尽责性有显著的负向影响。模型（10）中，同时加入家庭收入和家庭沟通环境，结果表明，家庭沟通环境对子女非认知能力的影响更

① 标准化系数是由原始数据减去相应变量的均值后再除以改变了的标准差计算得到。标准化系数不是以y或x的原有单位来度量其影响，而是以标准差为单位，由于它使得回归元的度量单位无关紧要，把所有的解释变量都放到相同的地位上（Wooldridge，2015）。

大，家庭收入对子女非认知能力没有显著的影响，与 Khanam 和 Nghiem（2016）的研究结果类似，该研究表明父母的受教育程度、身体和精神状况，教养风格都会对孩子的非认知能力产生影响，但家庭收入对孩子的非认知能力没有显著的影响。模型（11）、模型（12）和模型（13）分别是家庭环境对神经质、宜人性和尽责性的影响，家庭纯收入对神经质、宜人性和尽责性都没有显著的影响；在家庭沟通环境中，父母与孩子的沟通对宜人性和尽责性有显著的正向影响，父母对孩子作业的检查对神经质、宜人性和尽责性均有负向的影响，但只有对尽责性的影响是显著的，说明父母在与孩子的相处时间中，与孩子沟通的频率对孩子的能力形成影响最大。

表 2-4 家庭收入和家庭沟通环境对非认知能力的影响

解释变量	非认知能力				神经质	宜人性	尽责性
	(7)	(8)	(9)	(10)	(11)	(12)	(13)
户籍状况	-0.042** (0.0679)	-0.047** (0.0699)	-0.033 (0.0680)	-0.036 (0.0700)	0.014 (0.0451)	-0.008 (0.0475)	-0.106*** (0.0267)
受教育年限	0.012 (0.00543)	0.002 (0.00551)	0.121*** (0.0103)	0.106*** (0.0106)	0.007 (0.0068)	0.151*** (0.0072)	0.001 (0.00403)
性别	-0.040** (0.0497)	-0.040** (0.0508)	-0.038** (0.0495)	-0.037* (0.0506)	-0.038* (0.0326)	-0.041** (0.0343)	0.039* (0.0193)
健康状况	0.165*** (0.0521)	0.163*** (0.0534)	0.160*** (0.0519)	0.159*** (0.0532)	0.130*** (0.0342)	0.149*** (0.0360)	-0.064*** (0.0203)
兄弟姐妹个数	-0.033* (0.0382)	-0.033* (0.0391)	-0.031 (0.0382)	-0.033* (0.0390)	-0.042** (0.0251)	-0.044** (0.0264)	0.061*** (0.0149)
父母受教育程度	—	0.090*** (0.0221)	0.091*** (0.0214)	0.084*** (0.0222)	0.041* (0.0143)	0.069*** (0.0150)	0.030 (0.00846)
家庭纯收入	—	0.028 (0.0223)	—	0.029 (0.0222)	0.001 (0.0143)	0.030 (0.0151)	0.023 (0.00847)

续表

解释变量	非认知能力				神经质	宜人性	尽责性
	(7)	(8)	(9)	(10)	(11)	(12)	(13)
家庭沟通环境							
父母和孩子的沟通	—	—	0.163*** (0.0209)	0.193*** (0.0215)	0.061 (0.0138)	0.183*** (0.0145)	0.082** (0.00818)
对孩子作业的检查	—	—	-0.028 (0.0210)	-0.063 (0.0216)	-0.042 (0.0139)	-0.014 (0.0147)	-0.074* (0.00824)
样本量	2602	2465	2602	2465	2465	2465	2465
R^2	0.047	0.048	0.055	0.058	0.023	0.051	0.025

注：表中的系数为标准化的系数，括号中表示标准误，*、**、*** 分别表示在 10%、5%、1%的水平上显著。

（三）家庭环境对认知能力和非认知能力的影响程度比较

下面探讨家庭收入和家庭沟通环境两个因素对孩子认知能力和非认知能力的影响。表 2-5 显示，对认知能力而言，父母与孩子沟通的标准化系数大于家庭收入的标准化系数，说明父母与孩子沟通对孩子认知能力的影响更大，父母检查孩子作业的频率对孩子认知能力的影响系数小于父母与孩子沟通对孩子认知能力的影响系数，进一步说明，父母与孩子沟通对孩子认知能力的提升更有效。对非认知能力而言，与家庭收入相比，家庭沟通环境对子女非认知能力的影响更大，其标准化系数为 0.193，父母检查孩子作业的频率对孩子非认知能力有负向影响。家庭收入对孩子认知能力有显著影响，但对非认知能力没有显著影响。父母与孩子的沟通对孩子认知能力和非认知能力都有显著的正向影响。为了证明家庭环境对认知能力和非认知能力的影响结果是稳健的，本书使用 2010 年 CFPS 数据重复上述实证研究的步骤，将 2010 年 CFPS 数据的研究结果与 2014 年 CFPS 数据的研究结果进行对比，结果如表 2-6 所示，由表中结果可知，两个不同年份得到的研究结论基本一致。

表 2-5　家庭收入和家庭沟通环境对认知能力和非认知能力影响的比较

解释变量	认知能力	非认知能力	数学测试	字词测试	神经质	宜人性	尽责性
家庭纯收入	0.520*** (0.057)	0.0317 (0.029)	0.258*** (0.067)	0.262** (0.042)	0.00049 (0.001)	0.0221 (0.030)	0.00912 (0.023)
家庭沟通环境							
父母和孩子的沟通	2.109*** (0.454)	0.105*** (0.193)	0.767*** (0.395)	1.342*** (0.423)	0.0210 (0.061)	0.06*** (0.183)	0.0167** (0.082)
对孩子作业的检查	0.505*** (0.115)	-0.0326 (-0.063)	0.246*** (0.134)	0.258** (0.086)	-0.0136 (-0.04)	-0.0047 (-0.01)	-0.0143* (-0.07*)
R^2	0.252	0.058	0.220	0.204	0.023	0.051	0.025

注：表中的系数为 OLS 回归系数，括号中表示标准误，*、**、*** 分别表示在 10%、5%、1%的水平上显著。

表 2-6　2014 年数据结果与 2010 年数据结果对比

解释变量	认知能力（2014 年）	认知能力（2010 年）	非认知能力（2014 年）	非认知能力（2010 年）
户籍状况	-0.088*** (0.533)	-0.046*** (0.401)	-0.036 (0.0700)	0.005 (0.103)
受教育年限	0.742*** (0.0805)	0.582*** (0.0726)	0.106*** (0.0106)	-0.017 (0.0186)
性别	-0.058*** (0.386)	-0.057*** (0.291)	-0.037* (0.0506)	-0.045*** (0.0747)
健康状况	-0.021 (0.405)	0.045*** (0.836)	0.177*** (0.214)	0.159*** (0.0532)
兄弟姐妹个数	0.078*** (0.169)	-0.089*** (0.133)	-0.033* (0.0390)	-0.065*** (0.0341)
父母受教育程度	-0.062*** (0.297)	0.084*** (0.124)	0.084*** (0.0222)	0.073*** (0.0318)
家庭纯收入	0.057*** (0.169)	0.055*** (0.164)	0.029 (0.0222)	0.019 (0.0419)

续表

解释变量	认知能力（2014 年）	认知能力（2010 年）	非认知能力（2014 年）	非认知能力（2010 年）
家庭沟通环境				
父母和孩子的沟通	0.454 *** (0.163)	0.102 *** (0.132)	0.193 *** (0.0215)	0.066 *** (0.0338)
对孩子作业的检查	0.115 *** (0.165)	0.030 ** (0.116)	−0.063 (0.0216)	−0.051 *** (0.0298)
样本量	2465	3181	2465	3181
R^2	0.252	0.435	0.058	0.060

注：表中的系数为标准化的系数，括号中表示标准误，*、**、*** 分别表示在 10%、5%、1%的水平上显著。

（四）结果的稳健性检验

2014 年 CFPS 数据不仅包含大量的主观问题，还包含访员对受访者的评价。这些“他人评价”也涉及受访者的家庭环境。因此，本书运用这些“他人评价”变量检验此前的主要实证结果是否稳健。本书利用问题：“家庭的环境（比如孩子的画报、图书或其他学习资料）表明父母关心孩子的教育”即为整体教育环境，“父母主动与孩子沟通和交流”，称为整体沟通环境（张月云和谢宇，2015），两道题目的选项均包括“十分不同意”“不同意”“中立”“同意”“十分同意”，分别赋值为 1~5 分，分数越高，代表环境越好。整体教育环境可以在一定程度上反映家庭的收入情况，整体沟通环境反映了父母与孩子之间沟通的频率，这两个问题都是访员回答。稳健性检验的结果如表 2-7 所示，结果显示，基于“自我报告”变量和基于“他人评价”变量的回归结果是一致的。

表 2-7　稳健性检验结果

解释变量	认知能力	数学测试	字词测试	非认知能力	神经质	宜人性	尽责性
户籍状况	−0.098 *** (0.566)	−0.080 *** (0.239)	−0.094 *** (0.396)	−0.033 (0.0716)	0.016 (0.0457)	−0.005 (0.0481)	−0.107 *** (0.0273)

续表

解释变量	认知能力	数学测试	字词测试	非认知能力	神经质	宜人性	尽责性
受教育年限	0.283*** (0.0454)	0.266*** (0.0192)	0.250*** (0.0317)	0.004 (0.00574)	-0.014 (0.00366)	0.019 (0.00386)	-0.001 (0.00219)
性别	-0.051*** (0.411)	-0.020 (0.174)	-0.061*** (0.287)	-0.038* (0.0520)	-0.046** (0.0332)	-0.029 (0.0349)	0.030 (0.0198)
健康状况	-0.003 (0.431)	0.001 (0.182)	-0.006 (0.301)	0.154*** (0.0545)	0.123*** (0.0348)	0.151*** (0.0366)	-0.065*** (0.0208)
兄弟姐妹个数	-0.058*** (0.316)	-0.032* (0.134)	-0.066*** (0.221)	-0.030 (0.0400)	-0.032 (0.0255)	-0.045** (0.0269)	0.052** (0.0152)
父母受教育程度	0.152*** (0.190)	0.174*** (0.0801)	0.115*** (0.133)	0.095*** (0.0240)	0.036 (0.0153)	0.077*** (0.0161)	0.056** (0.00914)
整体教育环境	0.046* (0.329)	-0.011 (0.139)	-0.061** (0.230)	-0.022 (0.0416)	-0.054** (0.0265)	0.001 (0.0279)	0.031 (0.0158)
整体沟通环境	0.027 (0.343)	-0.028 (0.145)	-0.022 (0.239)	-0.080*** (0.0433)	-0.037 (0.0277)	-0.087*** (0.0291)	0.002 (0.0165)
样本量	2386	2386	2386	2386	2386	2386	2386
R^2	0.171	0.150	0.138	0.057	0.029	0.046	0.025

注：表中的系数为标准化的系数，括号中表示标准误，*、**、*** 分别表示在 10%、5%、1%的水平上显著。

第四节 本章结论与讨论

国外对于能力获得和形成的研究主要是基于家庭背景和家庭的学习环境，研究角度单一；而国内关于能力的获得研究比较少，已有的研究中主要是针对背景性家庭环境的研究，没有对不同的家庭背景进行比较研究。本书主要研究家庭收入和家庭沟通环境对子女认知能力和非认知能力的影响，并进一步探讨谁对认知能力和非认知能力的影响更大。本书的研究结论如下：

（1）家庭收入对子女的认知能力有显著的影响。在家庭沟通环境中，父母与孩子沟通对认知能力的影响大于家庭纯收入对认知能力的影响，说明对于10~15岁的少儿来说，父母与子女进行频繁地沟通，能够有效地提升子女的认知能力，父母检查作业的频率与孩子的认知能力正相关。家庭环境对字词测试和数学测试得分都有显著的正向影响。

（2）家庭纯收入对非认知能力没有显著影响。家庭沟通环境对子女的非认知能力有显著的正向影响，表明父母与孩子之间多沟通能够提高孩子的非认知能力。父母与孩子的沟通对孩子的宜人性和尽责性有正向影响，说明父母与孩子多沟通，有助于培养孩子的责任感和随和性。

总的来说，父母与孩子沟通对子女的认知能力和非认知能力有显著的影响。家庭纯收入对子女的认知能力有正向影响，但对非认知能力没有显著的影响，即表明父母与孩子沟通对于孩子能力的形成更为重要。Cunha和Heckman（2008）研究发现认知能力在早期就已经稳定下来（IQ在10岁左右就稳定了），非认知能力的可塑期跨越的生命周期更长，神经系统科学的证据显示，青春期的干预可以有效影响非认知能力的形成，因为负责控制情绪和自我管理的脑前额皮质在20岁以内都具有可塑性。因此，本书的研究结论有助于提高家庭人力资本投资效率，并为公共人力资本投资政策提供实证依据。

本书的创新点在于：①本书探讨了两类不同的家庭环境对认知能力与非认知能力的影响，并且进一步研究了家庭环境对数学测试、字词测试、神经质、宜人性和尽责性的影响。②本书把认知能力和非认知能力同时进行研究，有助于区分家庭收入和家庭沟通环境对子女能力的影响程度。③国内外关于非认知能力的影响因素研究较少，本书扩展了非认知能力形成和获得的研究。本书存在一些不足的地方，第一，本书在实证研究方法上的最大问题是内生性问题，家庭环境都是内生的，它们会被无法观察到的父母喜好和家庭特征影响，因此家庭环境对子女认知能力的关系不是一种因果关系。第二，本书没有排除早期重大事件和父母早期的投资对孩子认知能力的影响，有可能存在遗漏变量偏误。第三，本书可能存在反向因果的问题，即孩子认知能力和非认知能力的体现会影响父母对其投入的时间和金钱。对内生性、遗漏变量偏误和反向因果的处理方法主要是用工具变量估计和面板数据，但本书没有使用工具变量，并且 2014 年 CFPS 数据是一个截面数据，所以本书揭示的是家庭环境与认知能力之间的相关关系，而不是因果关系，接下来应该进一步探讨两者之间的因果关系。

第三章　新人力资本对低学历劳动者工资收入的影响

第一节　研究背景与问题的提出

2004年至今，我国政府相关部门出台了一系列推进劳动力市场规范化的政策规定，以此来刺激企业加快产业升级，增加新兴高技术产业的投资（吴要武和陈梦玫，2018），党的十八大报告中重点强调转变经济增长方式，去产能、提升产业结构，党的十九大报告进一步确立了创新、协调、绿色、开放、共享的新发展理念，技术、技能、服务、金融等资本密集型产业部分替代劳动密集型产业是大势所趋。技术进步导致经济结构转型，使得国际产业价值链由低端向高端延伸，我国企业的技术进步在一定程度上呈现出了高技能偏向性的特点，从而导致企业对高技能劳动力①的需求增加，使得高技能劳动力所占的就业比重和收入比重不断增加（姚先国等，2005；徐舒，2010），这使教育对收入的影响更加凸显。未来劳动力市场将弱化对劳动力数量的需求，而增强对劳动力质量的需求（原新等，

---

① 一般的实证研究中，对高低技能劳动力的划分方法有两种，一种是采用工作性质的分类，即将高技能劳动力定义为非生产性工人，低技能劳动力定义为生产性工人；另一种是用受教育程度来划分，一般受过高等教育的为高技能劳动力，其他为低技能劳动力（姚先国等，2005）。很多研究分析证明，这两种划分所得到的结果是基本一致的（Berman，et al.，1998），本书中低学历劳动者与低技能劳动者的概念等同。

2017)，可见，能力要素在劳动力市场中越来越被看重。对低技能劳动者而言，企业对该劳动者的需求减少（宁光杰和林子亮，2014；郝楠，2016；吴要武和陈梦玫，2018)，他们所有的技能与现有岗位需求不匹配以及他们自身人力资本原始积累不足间接导致了其相对收入水平下降和相对工资增长缺乏持续动力的后果，在我国劳动力结构中，2014~2016 年有 75%以上的就业人员为低学历劳动者（《中国劳动统计年鉴》）。因此，如何通过提高低学历劳动者的能力来提高其工资收入是目前亟待解决的问题。

Friedman（2007）对全球劳动力已进入老龄化阶段，新全球经济竞争带来的创新需求与劳动力需求改变等现象进行了探讨，他强调“在扁平的世界里，有知识、技能、想法和自我动机的人将会获得更好的工作，在全球化 3.0 进程中，劳动者不仅要有新的技能，还要有灵活性，自我动机和心理流动（Psychological Mobility）”。马克思主义经济学家们很早就发现在以低技能为特点的劳动力市场中，比起智力和独立思考能力，雇员的忠诚、服从和持久性对雇主来说更有价值。

在传统人力资本理论的基础上，新人力资本理论的研究者发现非认知能力可以通过影响个体决策时的偏好、约束和预期来影响其经济行为表现，从而使其与教育、认知能力（智商）等一起构成决定收入的重要因素（Borghans，et al.，2008；Almlund，et al.，2011；Heckman，2011)。因此，本书以新人力资本理论作为理论背景，探讨能力要素与低学历劳动者工资收入两者的关系，并对非认知能力的收入效应进行异质性分析，在此基础上，进一步深入分析非认知能力工资效应的影响机制。

由于我国经济增长方式的转变和产业结构的调整，劳动力对经济增长的贡献开始将从数量优势转向质量优势，因此提高从事劳动密集型产业的低技能劳动力的技能水平可以显著地提升我国劳动者的整体技能水平（郝楠，2016)。我国大部分低学历劳动者也是低收入劳动者，探讨能力与低学历劳动者工资收入的关系，一方面通过对其能力的培养提升我国劳动者的整体素质水平，另一方面能够避免该群体成为贫困群体。此外，本书的研究也涉及城乡、性别之间的能力收入效应的差异分析，研究非认知能力收入效应在性别和户籍间的差异可以为缩小性别收入差距和城乡收入差距找到突破口。

第二节 文献综述

一、认知能力对收入的影响研究

国内外关于认知能力的研究起步较早，且多为心理学方面的研究，劳动经济学家将认知能力的研究与劳动力市场的回报结合起来。大量研究表明认知测试得分对收入有显著的影响（Hanushek, et al., 2002；Mulligan, et al., 1999；Altonji & Pierret, 2001；Murnane, 2001；Lazear, 2003），而 Bound 等（1986）和 Murnane（2001）的研究表明认知能力不影响收入，并且不能解释收入的方差，与受教育程度、家庭背景和家庭环境相比，认知能力对收入的预测效应较低（Cawley & Heckman, 2001；Zax & Rees, 2002）。

在现有研究中，对发达国家的研究较多，大量研究揭示了在美国和英国，认知能力对收入的正效应（Cameron & Heckman, 1993；Blackburn & Neumark, 1993；Green & Riddell, 2003；Bronars & Oettinger, 2006；Hanushek & Woessmann, 2008）。随着研究的深入，学者们对认知能力进行了更为细致的研究。一方面通过使用不同测量方法和对认知能力不同角度的定义来探讨认知能力及其不同维度与收入的关系，另一方面则探讨认知能力收入效用的性别异质性（Cawley & Heckman, 2001）。Barton 和 Fortnum（2006）对澳大利亚的研究表明在 6.2%的教育收入回报中，几乎 1/3 可能归因于认知能力。在控制受教育程度的条件下，Anger 和 Heineck（2010）根据德国社会经济学研究组织数据中的两个认知能力短测试得分研究表明，机械能力（指固有的能力，即解决新问题的表现和速度）和西德工人的工资正相关，而认知语用学（指涉及更多具体任务的实现，即这些任务通过过去获得的知识和技能而得到提高）和工资不相关，同时认知速度与男性工资正相关，而语言流利性与男性收入无关。Rivera-Batiz（1990）、Pryor 和 Schaffer（1999）对美国数据的研究结论与 Charette 和 Meng（1998）、Finnie 和 Meng（2001）以及 Green 和 Riddell（2001）对加拿大数据的研究结果一致，即认知能力会显著地影响男性和女性的收入，其中认知能力由识字测试和算术测试构成。Mulligan 等（1999）、Murnane 等（2001）、Lazear（2003）提供了一致的估计结果，这些研究使用了美国不同的具有全国代表性的数据，这些数据均是跟踪调查学生离开学校进入劳动力市场之后的情况，他们的研究表明，高中期末的数学成绩每增加一个标准差会提高 12%的年收入，认知能力测试成绩会显著地提高男性和女性的收入，而 Mueller 和 Plug（2004）对威斯康星州纵向数据的研究发现认知能力有很强的积极作用，尤其是针对男性，男性的智商得分每增加一个标准差带来的收入增长幅度为 7%~17%，而女性的收入增长只有 5%，高认知能力的女性具有低工资收入，可能的原因是女性的自我选择，即女性的选择是基于受教育年限而不是劳动力市场的回报。McIntosh 和 Vignoles（2001）研究了英国的工资水平，发现算术能力和识字能力都有很高的收入回报，但他们研究的是离散型的技能水平，所以不能与美国的定量研究结果进行比较。Finnie 和 Meng（2002）对加拿大的研究表明识字能力有显著的收入回报（Green & Riddell，2003），并且具有性别异质性（Osberg，2000），但算术能力的回报微乎其微。

针对不同发展中国家的认知能力收入效应的研究较少。Moll（1998）分析南非的数据发现认知能力对收入有显著的正向影响，Jolliffe（1998）将数学能力测试和阅读能力测试作为认知能力的代理变量，通过加纳家庭数据研究发现认知能力对收入有积极的影响（Vijverberg，1999）。Nordman 等（2014）使用孟加拉国正规部门中雇主—雇员的匹配数据研究表明认知能力和工资呈正相关关系。通过阅读和数学测试得到的认知能力对男性和女性均有正向影响。Lavado 等（2014）针对秘鲁全国青年生活研究与技能和就业能力调查数据分析发现，以数学能力测试、解决问题技能测试、工作记忆测试和语言流利度及能够接受的语言测试构成的认知能力对收入有显著的影响，但其对性别的收入差异没有显著影响。国内对于认知能力的研究主要集中在心理学领域，少量研究表明，认知能力对收入有显著的正向影响。黄国英和谢宇（2017）针对中国家庭追踪调查数据的研究发现，以晶体智力和流体智力测试来衡量的认知能力会积极地影响收入水平，其中，短期记忆测试得分对城市男性收入和女性收入有显著影响（Huang，Xie & Xu，2015）；张晓云和杜丽群（2017）使用同样的数据进行了研究，结果表明认知能力会显著地影响收入水平，其中算术推理能力和数学计算能力的收入效应更大。

二、非认知能力对收入的影响研究

大量的经济学研究表明非认知能力对收入有显著的正向影响。Heckman 和 Rubuinstein（2001）针对美国 GED 项目参与者的研究表明非认知能力会显著地影响工资水平，GED 项目参与者的认知能力与普通高中毕业生的认知能力相当，且他们的工资高于高中辍学者，但控制认知能力后，他们的工资均显著低于高中辍学者，非认知能力决定了这部分的工资差异。在早期的研究中，由于非认知能力没有形成一致的测量标准，所以学者们对非认知能力的度量并不统一，部分学者使用控制点得分、自尊、侵略性和逃避性等类似心理特征来衡量非认知能力，Heckman 等（2006）用控制点得分和自尊度量个体的非认知能力，非线性回归结果表明非认知能力能解释较大部分的工资对数方差，且其对低技能男性的价值更大。Groves（2005）用控制点得分、侵略性、逃避性作为个性特征变量来研究非认知能力对白人女性工资的影响，结果表明美国女性的收入与外倾性呈负相关关系，控制点得分每增加一个标准差，白人女性的工资收入降低 5%左右，侵略性与逃避性对英国女性的工资会产生负面影响，与此同时，认知能力与美国女性的收入呈正相关关系，但对于英国女性来说，一旦人格特质被纳入模型，认知能力就不会对英国女性的收入产生影响。Heineck 和 Anger（2010）使用控制点、侵略性、逃避性、外部性和互惠性衡量个体的非认知能力，采用最小二乘估计法对英国的数据进行研究，当将成年时期外生的人格特征得分代入方程后，发现侵略性每增加一个标准差，工资便会减少 8%；逃避性每增加一个标准差，工资就减少 3%，侵略性和逃避性均会显著影响女性劳动者的工资，其影响程度与认知能力（IQ）的影响程度接近，而外部性和互惠性与劳动者的工资呈线性或非线性关系。Semykina 和 Linz（2007）使用俄罗斯的数据研究发现由控制源与挑战性测量的非认知能力能够解释性别工资差异的 8%。

随着“大五”测试的发展和普及，越来越多的学者采用大五人格测试来衡量非认知能力，该测试方法在学术界得到了一致认同。Nyhus 和 Pons（2005）利用荷兰住户调查数据（DNB）数据检验了大五人格特征的收入效应，研究发现情绪稳定性即逆神经质与男性和女性的工资均呈正相关关系，但宜人性与女性工资呈负相关关系。Mueller 和 Plug（2006）使用威斯康星纵向研究（WLS）数据表明，对于男性而言，宜人性、神经质和经验开放性显著影响小时工资率，其中宜人性的影响效应最大，宜人性每增加一个标准差，小时工资将减少 4%~6%，女性因为更加认真和开放而获得工资收入，该研究进一步表明个性特质回报率存在显著的性别差异，个性特征解释了 4. 5%的性别工资差距，其中宜人性的解释占 2. 9%。Lavado 等（2014）对发展中国家秘鲁的研究也表明，非认知能力在禀赋和能力回报方面会带来性别差异，而非认知能力之间的性别差异在性别工资差距方面起着重要作用。Nyhus 和 Pons（2012）利用荷兰的数据研究表明，考虑个性特征对收入的影响效应能够将性别工资差距从 75%降低到 63%。Nordman，Sarr 和 Sharma（2014）使用孟加拉国的匹配雇主—雇员数据研究表明，非认知能力可以解释工资分配中高收入者约 88%的差距和分布在中高收入者约 69%的差距。Raymundo 和 Campos-Vazquez（2017）探讨非认知能力在墨西哥劳动力市场中的价值，其研究结果表明即使在控制家庭背景和受教育程度之后，非认知能力对收入仍然有显著的正向影响，其中男性和女性的非认知能力回报相似。Tognatta 等（2016）使用 7 个中低收入国家中参加 STEP 技能测量调查的成年人数据来进行研究，发现非认知能力会通过不同的方式影响男性和女性的工资收入，这些能力对不同国家的工资分配有不同的影响。国内学者相关研究的结果总体与国外的研究结论大体一致，均验证了非认知能力的正向收入效应，且非认知能力的收入效应存在性别差异（程虹和李唐，2017；胡博文，2017；乐君杰和胡博文，2017；黄国英和谢宇，2017）。

综上所述，国外对认知能力工资效应和非认知能力工资效应的研究较丰富和全面，由于不同研究中使用的数据和研究情境不同，所以研究结论存在差异。国内基于经济学角度研究能力与收入关系的文献较少，特别是针对低学历群体的深入探讨基本没有，基于此，本书主要探讨能力与低学历劳动者工资收入的关系。

第三节　数据介绍、模型构建与变量选取

一、数据介绍

本书使用的数据均来自中国家庭跟踪调查（China Family Panel Studies，CFPS），采用 2012 年和 2014 年两年的数据进行分析。CFPS 的调查对象范围广泛，几乎涵盖了全国 95%的人口，同时接受调查的样本是通过科学的抽样法所得，能够充分保证样本的随机性。采用该数据进行研究主要有两个原因，一方面，该数据包含了本书所有变量的信息，且该数据得到了国内外学界的认可；另一方面，该数据对所有样本进行了追踪调查，每

隔一年会对原来的调查对象进行调查，为解决本书存在的内生性问题提供了支持。

根据本书的研究需要，对 2014 年的原始数据进行了一些处理。本书的研究对象是在劳动力市场上有工资收入的低学历群体，所以要满足两个条件，第一，样本的受教育水平为高中及高中以下，故需剔除受教育水平为大专及以上的样本；第二，男性样本的年龄在 16～60 岁，女性的年龄在 16～55 岁，同时在调查时“有工作”，并且工作类型为“非农受雇”。综合考虑上述条件，本书最终使用的有效样本量为 5353。

二、模型构建

（一）认知能力和非认知能力对低学历劳动者工资收入的影响

本部分先使用 2014 年中国家庭追踪数据（CFPS），通过普通最小二乘估计法对认知能力和非认知能力与低学历劳动者工资收入之间的关系进行分析，依据明瑟（Mincer）的工资方程，在此基础上增加认知能力和非认知能力等解释变量，具体如下：

$$\ln W_i = \beta_0 + \beta_1 personality_i + \beta_2 cognitive_i + \beta_3 X_i + \varepsilon_i \tag{3-1}$$

其中，$\ln W_i$ 为第 i 个劳动者月工资收入的对数，$personality_i$ 表示个体 i 的非认知能力总体得分，$cognitive_i$ 表示个体 i 的认知能力得分，X_i 是影响工资收入的其他因素，包括年龄、性别、职业、婚姻状况等，ε_i 为误差项。

根据已有研究可知，上述模型可能存在反向因果问题，能力的测量也可能存在内生性问题。因为在我们的数据中，能力与收入同时评估，所以不能确定能力是收入的原因还是结果。若能力是内生的，我们的参数估计系数会偏大，因为它们同时反映了效果和结果。基于反向因果识别问题，本书参考 Heineck 和 Anger（2010）的研究思路，即将当期收集的因变量数据，当期收集的其他自变量数据和更早期收集的核心自变量数据放入同一模型中进行分析，目的是减弱收入对非认知能力的影响效应，因为当期的工资收入无法影响早期的非认知能力水平。基于此，本书将 2012 年认知能力和非认知能力的数据匹配 2014 年的其他自变量以及工资收入。由于可能存在一些无法观察到的因素没有被考虑，这也会产生内生性问题。本书中能力被假定由认知能力和非认知能力两部分构成，而认知能力和非认知能力之间可能存在相关关系（Lindqvist & Borell，2010），所以在探讨非认知能力的收入效应时，应同时考虑认知能力。本书中，在探讨非认知能力的工资效应时，构造 2014 年的认知能力、个体特征等其他自变量和 2012 年的非认知能力变量，旨在减弱遗漏变量导致的内生性问题。

（二）非认知能力对工资收入的影响职位类型异质性分析

在职业选择的研究中，不可忽视的问题之一是如何识别和纠正选择性偏差。在现有数据中，我们观察到的白领工作者（蓝领工作者）并不是随机选择的结果，因此需要进行选择性偏差的讨论，本书使用 Heckman 两阶段模型剔除样本的自选择，Heckman 模型估计主要有两步，首先使用 Probit 模型估计职业的选择方程，也就是对低学历劳动者成为白领劳动者的概率进行估计，由此得到逆米尔斯比率（Inverse Mill's Ratio）；其次把 Probit 模型中估计的逆米尔斯比率（λ）加入收入决定方程中，该方程评估的结果是剔除样本选择性偏差的结果。具体的选择方程和决策方程分别为：

$$Pr(work_i=1)=\rho_0+\rho_1 noncognitive_i+\rho_2 X_i+parentedu_i+\theta_i \tag{3-2}$$

$$E(lnW_i \mid work_i=1)=\pi_0+\pi_1 noncognitive_i+\pi_2 X_i+\pi_3\lambda+\vartheta_i \tag{3-3}$$

式（3-2）为职业选择方程，式（3-3）为收入决定方程，其中 $work_i=1$ 表示个体 i 为白领工作者，反之，$work_i=0$ 表示个体 i 为蓝领工作者，X_i 与式（3-1）中的一致，表示影响工资收入的其他因素。θ_i 和 ϑ_i 均为随机扰动项，令两者的相关系数为 P，当 P≠0 时，式（3-1）和式（3-2）是相关的，即表明存在样本选择性偏差问题，忽略其中任何一方的估计都会导致最终结果的偏误，因此两个方程必须一起进行估计。由于 Heckman（1979）强调，职业选择方程中至少有一个变量不出现在收入决定方程中，因此在式（3-2）中加入父母受教育程度。值得说明的是，本书分别对白领和蓝领的工资决定方程进行讨论，所以构造了两个逆米尔斯比率（λ），如果估计结果中逆米尔斯比率是显著的，则表明该研究中存在样本的自选择，应该使用 Heckman 两阶段模型，若不显著，则直接使用最小二乘法进行估计即可。

三、变量选取

本书关注的因变量为个人的月工资收入并取对数，核心自变量为认知能力和非认知能力。认知能力为词组测试得分与数学测试得分的加总（谢宇等，2015），在 2014 年的 CFPS 中，由于测试项目取自小学和中学的标准课程，所以词汇和数学测验被用来评估受访者的口语和数学成绩，这些测试主要衡量了“晶体智力”，即通过学习、经验和教育获得的知识（Cattell，1987）。2014 年的词汇测试由 34 个汉字组成，汉字取自小学和中学使用的语言教材，并按难度的升序排列，这项测试旨在衡量一个人他/她能认识到的困难程度。为了让测试更有效，根据被调查者自我报告的最高教育水平，他们被分配到三个不同的起点开始测量，如小学教育程度的测试者从第 1 个字母（即最容易的字母）开始，初中毕业生从第 9 个字母开始，高中毕业生和受教育程度较高的测试者从第 21 个字母开始。受访者被要求逐个识别越来越难的字符，直到他们无法识别出 3 个连续的字符。最后的测试分数将是被访者正确识别出的最后一个字符的等级顺序。2014 年的数学测试包括 24 道数学题，取材于小学和中学的教科书，按难度递增的顺序进行排序，每个年级都有两道数学题。同样，受访者基于被访者的最高教育水平，测试的起始点不同，如小学教育程度的测试者从第 1 个问题（即最容易的问题）开始，初中毕业生从第 5 个问题开始，高中毕业生和受教育程度较高的被访者从第 13 个问题开始。测试一直持续到被测试者连续做错 3 道问题时结束。非认知能力的获得是参考乐君杰和胡博文（2017）、黄国英和谢宇（2017）的研究做法，使用大五人格测试得分来衡量，具体变量设计如表 3-1 所示。

表 3-1　大五人格的测试

大五人格特征	具体变量设计
2014 年 CFPS 问卷	
尽责性	QQ605 您做任何事情都感到困难的频率
	QQ606 您认为生活没有意义的频率
宜人性	QM2013 您在与人相处上能打几分
	QM2011 您人缘关系有多好
神经质	QQ601 做什么事情都不能振奋的频率
	QQ602 感到精神紧张的频率
	QQ603 感到坐卧不安、难以保持平静的频率
2012 年 CFPS 问卷	
尽责性	Q6015 我在做事时很难集中精力
	Q6014 我觉得自己不比别人差
宜人性	Q60115 我觉得人们对我不友好
	Q60119 我觉得别人不喜欢我
	N10024 您对陌生人的信任程度如何
	N10022 您对邻居的信任程度如何
情绪稳定性	Q6013 我觉得沮丧，即使有家人朋友的帮助也不管用
	Q6016 我感到情绪低落
	Q60110 我感到害怕
	Q60118 我感到悲伤难过

由于本书要使用 2012 年与 2014 年 CFPS 数据进行反向因果关系的剔除，故需要说明以下三点：①由于 2012 年 CFPS 与 2014 年 CFPS 的问卷设计存在差异，所以对于非认知能力各个维度对应的问题构建难以保持一致，本书尽量确保两个年度的非认知能力指标具有较大的相似性。②每个维度涉及的问题均超过 1 个以上，各个维度的所有子问题得分加总后的平均分为每个维度的具体得分，为了便于结果的比较，本书将所有问题的回

答均设计为 5 分制，分数越高，表明程度越深。③本书只探讨尽责性，宜人性和神经质三种个性特征的收入效应，因为它们在很大程度上涵盖了在劳动力市场竞争中所需的主要非认知能力，能够满足本书的需要。所有变量的定义如表 3-2 所示。

表 3-2 变量的定义

变量名称	变量定义
月工资对数	月工资收入取对数
认知能力得分	字词测试和数学测试得分加总
尽责性	尽责性维度加总后的平均得分
宜人性	宜人性维度加总后的平均得分
神经质	情绪稳定性维度加总后的平均得分
非认知能力得分	三个非认知能力维度的得分加总
健康状况	1=健康，0=不健康
参与培训次数	参与非学历教育的次数（次）
性别	1=男性，0=女性
户籍状况	1=农业户口，0=城镇户口
婚姻状况	1=已婚，0=未婚
所在地区类型	1=东部地区，2=西部地区，3=中部地区
雇主性质	1=国企，2=政府部门或事业单位，3=私有部门
职业类型①	1=白领，0=蓝领
年龄	2014 年调查时的年龄
年龄平方	年龄×年龄
每周工作时间	一般每周工作时间（小时）
家庭社会地位	您家的社会地位

① 按照通常的做法，本书中将国家机关党群组织、单位负责人、专业技术人员及办事人员定义为“白领”；将商业、服务业人员以及生产、运输设备操作人员定义为“蓝领”。

续表

变量名称	变量定义
劳动力流动①	1=流动，0=不流动
工作满意度	1=非常不满意，2=不太满意，3=一般，4=比较满意，5=非常满意
父母受教育程度	父母双方中受教育程度更高的一方

四、描述性统计分析

表 3-3 是变量的描述性统计分析，总体来看，低学历劳动者中尽责性显著高于神经质与宜人性，人力资本投资较小，参与培训的次数仅有 0.26 次。从性别来看，在低学历劳动者中，男性工资比女性工资高出 5.8%，认知能力得分中性别差异不大，符合本书的样本特点，因为认知能力主要来源于教育获得，本书样本均为低学历劳动者，故差异不大。女性的字词测试得分比男性要略高，男性的数学测试得分比女性要略高，与 Halpern 等（2011）的研究结论一致，因为女性在语言能力和记忆力测试中通常表现得比男性更好，而男性在数学和空间能力测试中表现得比女性更为出色（Huang，Xie & Xu，2015）。在非认知能力方面，男性比女性得分要高，高出部分主要源于神经质得分。从户籍类型来看，在低学历劳动者中，农村劳动者的工资收入水平比非农户籍劳动者的工资水平低，但农村劳动者更健康年轻，而且工作时间更长。虽然两个群体的非认知能力没有显著差异，但农村劳动者有更高的神经质得分和宜人性得分，两者的尽责性得分相近，这有可能成为缩小城乡收入差距的突破口。相比农村劳动者，城市劳动者的认知能力高出 12.39%，白领和在国企部门工作的占比更高，参与培训的次数也更多。从职业类型来看，两者的工资差异并不大，而且相比于蓝领，白领在多数方面都更有优势，能力要素方面，白领均高于蓝

① 劳动力流动根据个体的户口和现居住地来进行筛选，若个体的户口类型与居住地类型不同，则个体为流动个体，反之则个体没有流动。

领，除神经质维度外，白领群体中有 31.07%来自政府或事业单位，他们重视自身能力的提高，参加培训的次数显著高于蓝领群体，几乎每人都参与过 1 次及以上的培训来提升自己。

表 3-3 变量的描述性统计

变量名称	总样本	男性	女性	农村户口	城镇户口	蓝领	白领
月工资对数	7.45 (0.91)	7.61 (0.84)	7.19 (0.94)	7.42 (0.94)	7.53 (0.81)	7.44 (0.87)	7.49 (1.05)
认知能力	30.57 (12.73)	30.43 (12.44)	30.81 (13.18)	29.39 (12.71)	33.03 (12.39)	29.38 (12.54)	37.39 (11.56)
字词测试	21.27 (8.91)	21.12 (8.72)	21.52 (9.21)	20.50 (9.00)	22.87 (8.50)	20.53 (8.94)	25.47 (7.42)
数学测试	9.30 (5.16)	9.31 (5.09)	9.29 (5.28)	8.89 (4.91)	10.15 (5.53)	8.84 (4.90)	11.91 (5.75)
非认知能力	4.31 (0.47)	4.32 (0.46)	4.28 (0.48)	4.30 (0.47)	4.30 (0.47)	4.29 (0.47)	4.34 (0.44)
神经质	4.41 (0.70)	4.45 (0.69)	4.35 (0.71)	4.42 (0.69)	4.38 (0.71)	4.41 (0.70)	4.36 (0.70)
宜人性	3.97 (0.74)	3.97 (0.75)	3.96 (0.73)	3.99 (0.75)	3.89 (0.69)	3.94 (0.74)	4.08 (0.68)
尽责性	4.65 (0.58)	4.68 (0.56)	4.62 (0.62)	4.65 (0.59)	4.65 (0.55)	4.65 (0.59)	4.68 (0.50)
健康状况（1=健康）	80.89	83.01	77.26	81.75	79.10	80.24	84.75
参与培训次数	0.26 (1.13)	0.23 (0.82)	0.31 (1.52)	0.23 (1.0)	0.32 (1.36)	0.19 (0.99)	0.64 (1.70)
性别（1=男性）	63.09	—	—	64.36	60.26	65.00	52.20
户籍状况（1=农业）	69.92	71.29	67.58	—	—	72.25	56.46

续表

变量名称	总样本	男性	女性	农村户口	城镇户口	蓝领	白领
职业类型（1=白领）	14.82	12.26	19.20	11.95	21.40	—	—
年龄	37.06 （11.37）	38.02 （11.77）	35.43 （10.45）	35.28 （11.20）	41.15 （10.66）	37.38 （11.23）	35.23 （11.98）
年龄平方	1502.95 （861.2）	1583.79 （912.8）	1364.75 （745.1）	1370.68 （829.9）	1807.23 （856.0）	1523.52 （851.0）	1384.85 （909.3）
婚姻状况（1=已婚）	80.22	80.39	79.95	77.41	86.68	82.23	68.70
每周工作时间	52.20 （19.23）	53.04 （19.48）	50.76 （18.73）	54.32 （19.70）	47.38 （16.97）	53.57 （19.32）	44.27 （16.61）
家庭社会地位	2.96 （0.90）	2.99 （0.89）	2.93 （0.91）	3.00 （0.90）	2.90 （0.88）	2.94 （0.91）	3.12 （0.81）
所在地区类型（%）							
中部	20.65	21.58	20.46	23.91	13.04	20.68	20.34
东部	57.55	55.84	60.48	54.82	63.88	58.06	54.69
西部	21.80	22.58	19.06	21.27	23.08	21.25	24.97
雇主性质（%）							
私有部门	77.60	76.14	80.08	85.04	60.20	81.46	55.48
国企	11.70	13.32	8.94	7.43	21.68	11.40	13.45
政府或事业单位	10.70	10.54	10.98	7.53	18.12	7.14	31.07
劳动力流动	35.21	33.92	37.43	44.58	13.15	35.27	34.92
工作满意度	3.40 （0.79）	3.39 （0.797）	3.41 （0.782）	3.387 （0.789）	3.425 （0.794）	3.351 （0.777）	3.667 （0.817）
父母受教育程度	5.32 （0.50）	5.34 （0.60）	5.27 （0.610）	5.09 （0.599）	6.06 （0.612）	6.56 （0.625）	5.09 （0.680）

注：连续变量给出的是均值和标准差，表中括号内的数据为标准差，分类变量给出的是百分比。

第四节 能力工资效应的实证结果

一、认知能力与非认知能力对低学历劳动者工资收入的影响

该部分的实证研究策略分三个步骤，第一，根据模型（1），使用多元回归方法，主要考察两个重点：①认知能力和非认知能力对低学历劳动者工资收入的影响程度。②反向因果关系和遗漏变量的处理，通过将样本2012年的非认知能力变量与2014年的认知能力和个体特征变量进行回归，缓解反向因果关系。第二，比较认知能力和非认知能力的收入效应，并对两者的收入效应进行稳健性检验。第三，比较非认知能力对高低学历劳动者工资收入的影响差异。

（一）认知能力对低学历劳动者工资收入的影响

以表3-4所示的模型（1）为基准模型，探讨除认知能力之外，其他变量对低学历劳动者工资收入的影响，在控制了其他变量的情况下传统人力资本对收入均有显著的正向影响，其中参与培训次数的影响系数最大，即学历培训增加一个标准差，工资增长7%；与女性相比，男性的工资回报高出27.8%，白领工资比蓝领工资高7.1%，农村劳动者工资比非农户籍的劳动者工资低4.2%。模型（2）中加入认知能力后，认知能力每提高一个标准差，低学历劳动群体的工资增长2.3%，但不显著，可能的原因是认知能力的高低主要源于教育获得的多少，低学历劳动者群体的学历水平在高中及以下，所以认知能力的整体水平偏低，带来的收入效应不明显。从模型（3）和模型（4）可知，字词测试和数学测试均会正向影响工资收入，其中字词测试对收入的影响不显著，Anger和Heineck（2010）的研究显示，认知能力的语言维度对收入而言并不重要。数学测试得分对收入有显著的正向影响，即数学测试提高一个标准差，收入提高2.5%。由

模型（5）可知，认知能力的收入影响效应主要来源于数学测试得分。

表 3-4　认知能力对低学历劳动者工资收入的影响

解释变量	（1）	（2）	（3）	（4）	（5）
男性	0. 278 *** （0. 0232）	0. 277 *** （0. 0232）	0. 277 *** （0. 0232）	0. 276 *** （0. 0232）	0. 276 *** （0. 0232）
户籍状态	-0. 042 *** （0. 0253）	-0. 038 *** （0. 0256）	-0. 039 *** （0. 0256）	-0. 039 *** （0. 0255）	-0. 039 *** （0. 0256）
健康状况	0. 051 *** （0. 0286）	0. 049 *** （0. 0287）	0. 050 *** （0. 0287）	0. 049 *** （0. 0287）	0. 049 *** （0. 0287）
参与培训次数	0. 070 *** （0. 00970）	0. 069 *** （0. 00971）	0. 069 *** （0. 00972）	0. 069 *** （0. 00970）	0. 069 *** （0. 00972）
每周工作时间	0. 028 ** （0. 000618）	0. 028 ** （0. 000618）	0. 028 ** （0. 000618）	0. 029 ** （0. 000618）	0. 029 ** （0. 000618）
职业类型	0. 071 *** （0. 0333）	0. 067 *** （0. 0338）	0. 068 *** （0. 0337）	0. 067 *** （0. 0337）	0. 067 *** （0. 0338）
认知能力		0. 023 （0. 000947）			
字词测试			0. 017 （0. 00134）		0. 005 （0. 00160）
数学测试				0. 025 * （0. 00225）	0. 022 （0. 00269）
其他自变量	Y	Y	Y	Y	Y
R^2	0. 128	0. 128	0. 128	0. 129	0. 129
样本量	5353	5353	5353	5353	5353

注：表中的系数均是标准化的系数①，括号中的数值表示标准误，** 、*** 分别表示在 5%、1%的水平上显著。

① 标准化系数是由原始数据减去相应变量的均值后再除以改变了的标准差计算得到。标准化系数不是以 y 或 x 的原有单位来度量其影响，而是以标准差为单位，由于它使得回归元的度量单位无关紧要，把所有的解释变量都放到相同的地位上（Wooldridge，2015）。

（二）非认知能力对低学历劳动者工资收入的影响

表 3-5 的结果表明，在其他变量不变的条件下，非认知能力每增加一个标准差，收入增加 3.6%，并在 1%的水平上显著，而其他变量对收入的影响与表 3-4 中的基准模型相比基本保持不变；由模型（7）、模型（8）和模型（9）可知，神经质对低学历劳动者没有显著影响，宜人性和尽责性对收入均有显著的正向影响，宜人性每增加一个标准差，收入增加 3.7%，尽责性的收入效应为 3.4%。模型（10）中表明在控制神经质和宜人性的条件下，尽责性对收入的正向影响效应最大，为 4.4%，且在 1%的水平上显著，神经质对收入没有显著影响。宜人性对收入有显著的正向影响，宜人性得分越高，个体更可能从团队合作的环境中或与客户联系频率较高的职业中收益（Heineck & Anger，2010）。由此可知，非认知能力对低学历劳动者的收入效应主要来源于尽责性与宜人性，其中尽责性的贡献最大，Nyhus 和 Pons（2005）的研究结果表明尽责性获得的收入回报最高，尽责性和宜人性正向的收入效应为提升低学历劳动者的工资收入提供了突破口。

表 3-5　非认知能力对低学历劳动者工资收入的影响

解释变量	(6)	(7)	(8)	(9)	(10)
男性	0.277***	0.277***	0.278***	0.276***	0.278***
	(0.0232)	(0.0232)	(0.0232)	(0.0232)	(0.0232)
户籍状态	-0.042***	-0.042***	-0.042***	-0.042***	-0.041***
	(0.0253)	(0.0253)	(0.0253)	(0.0253)	(0.0253)
健康状况	0.045***	0.050***	0.048***	0.047***	0.047***
	(0.0289)	(0.0289)	(0.0287)	(0.0288)	(0.0289)
参加培训次数	0.070***	0.070***	0.069***	0.070***	0.068***
	(0.00969)	(0.00971)	(0.00970)	(0.00969)	(0.00971)
每周工作时间	0.030**	0.029**	0.029**	0.030**	0.030**
	(0.000618)	(0.000618)	(0.000618)	(0.000618)	(0.000618)

续表

解释变量	(6)	(7)	(8)	(9)	(10)
职业类型	0.070*** (0.0332)	0.071*** (0.0333)	0.069*** (0.0333)	0.070*** (0.0332)	0.068*** (0.0333)
非认知能力	0.036*** (0.0239)				
神经质		0.005 (0.0159)			-0.024 (0.0195)
宜人性			0.037*** (0.0161)		0.035*** (0.0162)
尽责性				0.034*** (0.0190)	0.044*** (0.0232)
其他自变量	Y	Y	Y	Y	Y
R^2	0.129	0.128	0.129	0.129	0.131
样本量	5353	5353	5353	5353	5353

注：表中的系数均是标准化的系数，括号中的数值表示标准误，** 、*** 分别表示在 5%、1%的水平上显著。

（三）反向因果关系和遗漏变量问题的处理

本书通过将 2012 年的非认知能力得分与 2014 年的其他变量进行回归来缓解反向因果问题，同时加入 2014 年的认知能力，剔除由认知能力产生的遗漏变量问题。具体结果见表 3-6，表 3-6 中模型（11）结果表明，在考虑反向因果和控制认知能力及其他变量后，非认知能力对低学历劳动者工资有显著的正向影响，非认知能力每增加一个标准差，工资增加 4.2%，与表 3-5 的结果类似，表明非认知能力对低学历劳动者的工资效应是稳健的，与 Eren 和 Ozbeklik（2013）的研究结果吻合，该结果表明非认知能力对收入处于低分位数上的个体影响更大。模型（12）表明，神经质对工资收入有正向影响，但不显著，模型（14）显示尽责性对工资收入有显著的正向影响，尽责性每增加一个标准差，收入增加 4.6%，与表 3-5 结果类似，而模型（13）中宜人性对工资收入没有显著影响，与表 3-5 结果差异较大，表明宜人性的工资效应不够稳健。模型（15）的结果表明，非认知能力的收入效应主要源于尽责性得分的收入效应，进一步验证了尽责性对低学历劳动者工资收入的影响程度，而在所有的模型中，认知能力对收入没有显著影响。该研究结果与 Lindqvis 和 Vestman（2011）的研究结果一致，他们在比较了认知能力与非认知能力的收入效应后，认为非认知能力对低技能工人与在收入分布中的低层次群体的收入有很好的预测力，该结论在中国劳动力市场上仍然成立。

表 3-6 非认知能力对低学历劳动者工资收入的影响

解释变量	(11)	(12)	(13)	(14)	(15)
男性	0.276*** (0.0358)	0.278*** (0.0361)	0.279*** (0.0358)	0.279*** (0.0357)	0.279*** (0.0361)
户籍状态	-0.047** (0.0390)	-0.049** (0.0390)	-0.050** (0.0390)	-0.046** (0.0390)	-0.046** (0.0390)
健康状况	0.031 (0.0451)	0.033* (0.0452)	0.034* (0.0450)	0.032 (0.0450)	0.031 (0.0452)
参加培训次数	0.047** (0.00530)	0.047** (0.00531)	0.046** (0.00531)	0.047** (0.00530)	0.047** (0.00531)
每周工作时间	-0.024 (0.00097)	-0.023 (0.00097)	-0.024 (0.000973)	-0.023 (0.000972)	-0.024 (0.000972)
职业类型	0.049** (0.0511)	0.049** (0.0512)	0.049** (0.0512)	0.051** (0.0511)	0.050** (0.0512)
认知能力	0.012 (0.00184)	0.016 (0.00184)	0.015 (0.00184)	0.011 (0.00185)	0.010 (0.00185)
非认知能力	0.042** (0.0510)				
神经质		0.013 (0.0416)			-0.002 (0.0471)
宜人性			0.018 (0.0445)		0.015 (0.0499)

续表

解释变量	（11）	（12）	（13）	（14）	（15）
尽责性				0.046** （0.0264）	0.045** （0.0268）
其他自变量	Y	Y	Y	Y	Y
R^2	0.122	0.121	0.121	0.123	0.123
样本量	2457	2457	2457	2457	2457

注：表中非认知能力、神经质、宜人性和尽责性均来自 2012 年 CFPS 数据，其他变量均是 2014 年 CFPS 数据。表中的系数均为标准化的系数，括号中的数值表示标准误，*、**、*** 分别表示在 10%、5%、1%水平上显著。

二、能力对不同学历劳动者工资影响的差异分析

基于上述研究发现，认知能力对低学历劳动者工资收入没有显著影响，非认知能力对低学历劳动者工资收入有显著的正向影响，该部分旨在比较能力对高学历劳动者和低学历劳动者工资收入的影响是否存在差异，研究结果如表 3-7 所示。通过对比模型（16）和模型（18）发现，认知能力只对高学历劳动者的工资收入产生显著的正向影响，对高学历劳动者而言，认知能力每提升一个标准差，收入增加 7.6%，该效应介于黄国英和谢宇（2017）、乐君杰和胡博文（2017）研究中对认知能力的收入效应估算结果之间，其中前者主要探讨认知能力对青年劳动者工资收入的效应，影响系数为 4.6%，后者探讨对象为非农受雇的全体劳动者，其认知能力的工资效应为 9.5%。非认知能力对低学历劳动者具有显著的正向影响，即非认知能力每增加一个标准差，工资收入增长 3.4%，对高学历劳动者没有显著影响。进一步对比模型（17）和模型（19）发现，认知能力对高学历劳动者的工资效应主要来源于数学测试，模型（17）中表明数学测试每增加一个标准差，高学历劳动者的工资收入增加 10.1%，字词测试得分的影响并不显著，值得注意的是神经质对高学历劳动者的工资收入具有显著的负向影响，神经质每增加一个标准差，工资收入降低 4.9%，因为高

学历劳动者更适合从事复杂性高，压力大的高水平的工作，个人的经验和外部的刺激会提升他们的工作表现（Spector，et al.，1995）。模型（19）中发现非认知能力对低学历劳动者工资收入的影响主要来自宜人性与尽责性两个维度，两个维度各自增加一个标准差，工资收入分别增加 3.4%和 4.3%，其中尽责性的贡献更大。

表 3-7　非认知能力对高低学历劳动者工资收入的影响

解释变量	高学历劳动者		低学历劳动者	
	（16）	（17）	（18）	（19）
认知能力	0.076*** （0.00160）	0.075*** （0.00160）	0.020 （0.000977）	0.021 （0.000950）
字词测试		−0.014 （0.00303）		0.003 （0.00160）
数学测试		0.101*** （0.00358）		0.021 （0.00269）
非认知能力	−0.019 （0.0424）		0.034** （0.0246）	
神经质		−0.049** （0.0319）		−0.024 （0.0195）
宜人性		−0.008 （0.0281）		0.034** （0.0162）
尽责性		0.036 （0.0419）		0.043*** （0.0233）
其他自变量	Y	Y	Y	Y
R^2	0.161	0.163	0.130	0.131
样本量	2235	2235	5346	5346

注：表中的系数均为标准化的系数，括号中的数值表示标准误，**、*** 分别表示在 5%、1%的水平上显著。

第五节　非认知能力收入效应的异质性分析

一、非认知能力收入效应的性别异质性分析

表 3-8 中的模型（20）和模型（21）表明非认知能力的收入效应主要体现在女性群体中对男性的工资收入没有显著影响。对女性而言，非认知能力每增加一个标准差，会引起月工资增加 5.4%，高于处理反向因果和遗漏变量问题后非认知能力的总效应 4.2%。从模型（22）和模型（23）可知非认知能力对女性工资的影响效应主要源于尽责性，尽责性每提高一个标准差，女性收入提升 5.9%，与 Mueller 和 Plug（2006）的研究结论一致，即尽责性与女性的工资收入存在正相关关系。值得注意的是，宜人性对男性收入有显著的正向影响，Heineck 和 Anger（2010）的研究表明，对男性而言，宜人性每增加一个标准差，工资约增加 1%。总体来看，非认知能力对女性群体具有更高的收入效应。

表 3-8　非认知能力对低学历劳动者工资收入影响的性别差异

解释变量	男性 （20）	女性 （21）	男性 （22）	女性 （23）
非认知能力	0.024 （0.0283）	0.054** （0.0429）		
神经质			−0.031 （0.0230）	−0.011 （0.0348）
宜人性			0.042** （0.0191）	0.030 （0.0295）
尽责性			0.031 （0.0283）	0.059** （0.0398）
其他自变量	Y	Y	Y	Y
R^2	0.084	0.072	0.086	0.073
样本量	3353	2000	3353	2000

注：表中的系数均为标准化的系数，括号中的数表示标准误，** 分别表示在 5% 的水平上显著。

二、非认知能力收入效应的户籍异质性分析

由图 3-1 可以看出，城市户籍的低学历劳动者具有一定的收入优势，右侧高收入群体中，低技能的城镇户籍劳动者更占优势，尤其在一个标准差之内，城镇户籍劳动者有十分显著的优势，左侧低收入群体中农村户籍的低技能劳动者比重更大。如图 3-2（a）所示，在非认知能力维度上，不同户籍的低技能劳动者表现比较接近，但在 0.5 个标准差范围内，农村户籍的低技能劳动者具有显著优势；在尽责性维度上，在右侧高得分群体中，农村户籍具有显著的优势；神经质的情况与尽责性类似；在宜人性方面，两者的差异最大，但在右侧高得分群体中，农村户籍有非常明显的优势。以上结果均通过了 t 检验的进一步验证。

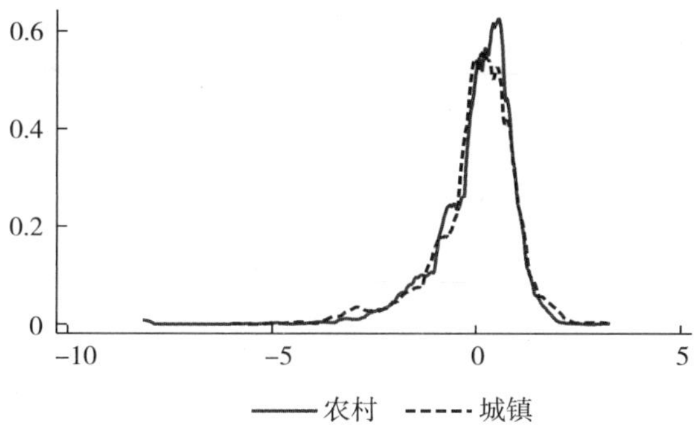

图 3-1　按户籍类型分布的收入情况

表 3-9 中模型（24）和模型（25）表明非认知能力的收入效应主要体现在农村户籍劳动者群体中，即非认知能力提升一个标准差，收入提升 5.1%，而对城镇户籍劳动者没有显著影响。模型（26）和模型（27）显示宜人性和尽责性均对农村户籍劳动者具有显著的正向影响，宜人性和尽责性分别增加一个标准差，收入均增加 5%左右，表明在非认知能力中，宜人性和尽责性对农村户籍劳动者具有高回报率，使其可能成为缩小城乡收入差距的有效突破口。

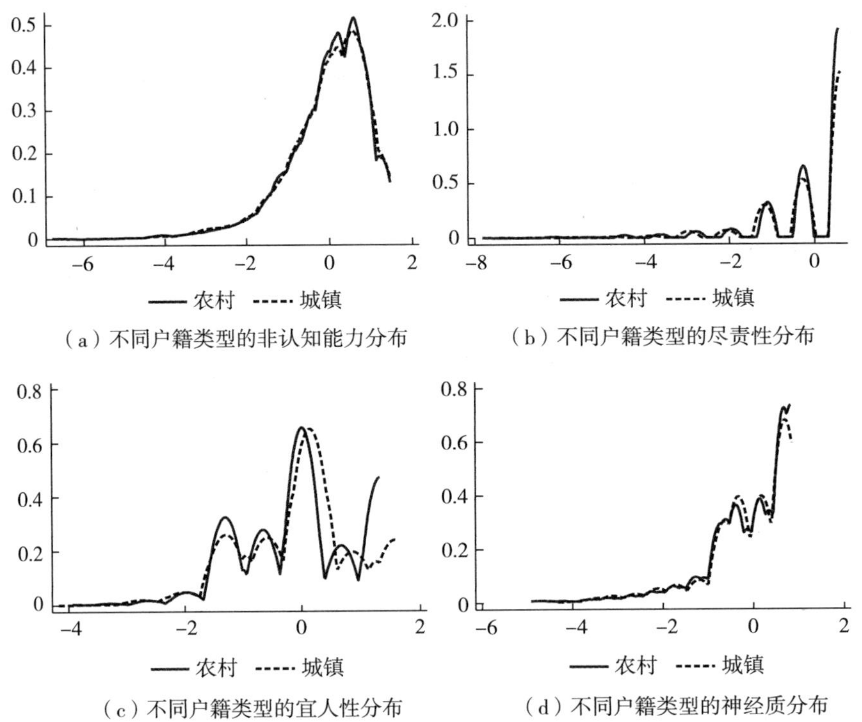

（a）不同户籍类型的非认知能力分布

（b）不同户籍类型的尽责性分布

（c）不同户籍类型的宜人性分布

（d）不同户籍类型的神经质分布

图 3-2 按户籍类型分布的非认知能力情况

表 3-9 非认知能力对低学历劳动者工资收入影响的户籍差异

解释变量	农村 （24）	城镇 （25）	农村 （26）	城镇 （27）
认知能力	0.022 （0.00118）	0.013 （0.00159）	0.020 （0.00118）	0.010 （0.00159）
非认知能力	0.051*** （0.0299）	−0.006 （0.0393）		
神经质			−0.025 （0.0240）	−0.037 （0.0329）
宜人性			0.051*** （0.0200）	0.008 （0.0274）

续表

解释变量	农村 (24)	城镇 (25)	农村 (26)	城镇 (27)
尽责性			0.053*** (0.0280)	0.025 (0.0415)
其他自变量	Y	Y	Y	Y
R^2	0.140	0.128	0.142	0.129
样本量	3624	1729	3624	1729

注：表中的系数均为标准化的系数，括号中的数表示标准误，*** 分别表示在 1%的水平上显著。

三、非认知能力收入效应的职业类型异质性分析

运用 Heckman 两阶段来探讨非认知能力对低学历劳动者工资收入的异质性分析。表 3-10 中，模型（28）和模型（29）为 Heckman 第一阶段回归结果，结果表明，认知能力和非认知能力对职业选择有显著影响，与 Heckman（2006）的研究结论一致。也就是说，认知能力得分越高的个体，更愿意成为白领，非认知能力得分越高的劳动者，更有可能从事白领工作，Tambunlertchai（2011）将职业技能分为高、低技能时发现，认知能力和非认知能力在不同的技能等级之间有不同的收入回报。模型（30）~模型（33）均为收入方程的估计结果，由模型（30）结果可知，对白领而言，逆米尔斯比率显著为正，表明白领工作者选择从事白领工作为正向的自选择（Borjas，1987），即他们选择了最适合自己的就业类型。非认知能力对白领的收入没有显著影响，而认知能力每提高一个标准差，收入显著提高 3.83%，其中，模型（32）结果显示，神经质对白领工作者的收入有显著的负向影响，主要是因为对白领工作者工作要求更高（Heineck & Anger，2010），宜人性对其收入有显著的正向影响，即宜人性每增加一个标准差，收入增加 34.5%，由于神经质的收入效应为负，导致最终非认知能力对白领工作者的收入效应不显著，逆米尔斯比率没有显著的变化。认知

能力对收入的影响仍然显著为正。对蓝领来说，非认知能力对其收入有显著的积极效应，由模型（31）可知，非认知能力提高一个标准差，收入增长 8.09%，模型（33）结果显示，该效应主要源于尽责性对收入的显著正向影响，尽责性的提高会带来 7.3%的收入提升，而认知能力对蓝领工作者的工资收入没有显著的影响，表中模型（31）和模型（33）结果均显示逆米尔斯比率均不显著。上述结果表明认知能力对白领的工资收入有显著的正向影响，非认知能力对蓝领工资的影响显著为正，Cawley 等（1996）的研究认为，能力在不同群体之间定价不同的一个原因是，不同群体对不同部门的就业偏好存在系统性差异，他们的研究表明，认知能力对白领工资的影响更大，而许多非认知因素决定了蓝领工作者的工资水平。

表 3-10　非认知能力对不同职业类型低学历劳动者工资收入影响的差异分析

解释变量	第一阶段		第二阶段			
	（28）职业选择	（29）职业选择	（30）白领	（31）蓝领	（32）白领	（33）蓝领
认知能力	0.0272*** （0.00218）	0.0270*** （0.00219）	0.0383*** （0.0145）	0.000328 （0.00186）	0.0353** （0.0139）	0.000821 （0.00178）
非认知能力	0.102* （0.0530）		0.0779 （0.0943）	0.0809*** （0.0254）		
神经质		−0.0959** （0.0414）			−0.227*** （0.0730）	−0.00848 （0.0211）
宜人性		0.140*** （0.0357）			0.345*** （0.0868）	0.0267 （0.0186）
尽责性		0.108** （0.0532）			0.0553 （0.0945）	0.0730*** （0.0245）
逆米尔斯比率（λ）			1.692** （0.696）	−0.0825 （0.223）	1.540** （0.675）	0.00537 （0.215）
其他自变量	Y	Y	Y	Y	Y	Y

续表

解释变量	第一阶段		第二阶段			
	(28)职业选择	(29)职业选择	(30)白领	(31)蓝领	(32)白领	(33)蓝领
R^2	0.181	0.185	0.164	0.135	0.186	0.136
样本量	5376	5376	794	4559	794	4559

注：表中的系数均为回归系数，括号中的数表示标准误，*、**、*** 分别表示在 10%、5%、1%的水平上显著。

第六节　非认知能力影响收入的机制探讨

本书表明，非认知能力对低学历劳动者具有显著的正向影响，本部分主要从劳动力流动和工作满意度两个角度进一步探讨非认知能力对收入影响的作用机制。本节共分三部分来探讨该问题，首先，结合现有的文献构建机制分析模型；其次，分析劳动力流动对非认知能力收入效应的间接影响机制，其中主要解决两个问题，第一，非认知能力是否会影响劳动力流动，第二，劳动力流动是否会影响劳动者的工资收入；最后，运用最小二乘估计法探讨非认知能力是否通过影响低学历劳动者的工作满意度进而影响其工资收入。

一、非认知能力对收入影响机制的模型构建

（一）非认知能力对收入影响机制的理论基础

劳动力流动也被称为劳动力迁移，通常涵盖了多种含义，即地域性流动、行业流动和职业流动等，劳动力迁移有三种普遍的形式，分别为劳动者在本地更换工作；劳动者在不同地区之间的流动；劳动者在不同行业之间流动。本节关注的劳动力流动主要为劳动力在不同地区之间的流动。劳

动力流动是一种带来某种经济收益的投资行为（Schultz，1996），劳动者在不同雇主之间的流动能够使人—岗得到更优的匹配，这种劳动力匹配方式可以同时使劳动者通过流动预期得到更高的收入，选择更好或更稳定的职业等（曾湘泉，2005）。区域间经济差异是劳动力迁移的首要原因，通过迁移劳动者能够获得经济机会的改善，提高迁移的净收益，我国关于劳动力流动的研究表明，70%～80%的劳动力流动都是基于经济原因，也就是说，影响劳动力流动的根本因素和直接因素是经济利益。根据人力资本投资理论，劳动力流动是人力资本投资的一种方式，劳动者的流动能够更好地实现人—岗匹配，使合适的劳动者胜任合适的岗位，达到人力资源的最优配置，从而提高劳动生产率。

工作满意度是自我报告的积极情绪状态，这些情绪状态是个体评估自身工作或工作经验的结果（Locke，1976），劳动者的工作满意度是基于对自己的工作如何能给组织带来利益的满意度的表达，这意味着在工作中获得的满足被劳动者认为很重要（Luthans，2012）。已有研究表明工作满意度越高，员工越有更强的动机来提高工作绩效（Davar，Bala & Ranju，2012；Christen，Iyer & Soberman，2006），进而提升收入水平。Humphrys 和 O' Brien（1986）首次将技能运用引入工作满意度分析，Deci 和 Ryan（2000）自我决定理论表明，在工作中职工运用所获得的技能可以被看作是满足某些人优越心理需求的一种方式，所以工作场所中的技能匹配是工作满意度的来源之一，组织心理学的研究认为在工作中使用技能是个体满意度的来源（Van den Broeck，et al.，2015），较低的工作满意度水平可能导致较低的生产力水平（Montero，2015）。

（二）劳动力流动间接效应的模型构建

1. 非认知能力是否影响劳动力流动

本节中，设劳动力流动变量为虚拟变量，劳动力流动是指劳动者的户籍类型与现居住地类型不一致，若户籍类型与现居住地类型一致，表明该劳动者没有流动。由于因变量为虚拟变量，故运用 Probit 模型进行分析，具体模型如下：

$$Y_i = 1(\varphi_1 noncognitive_i + \varphi_2 X_i + \omega_i > 0) \quad (3-4)$$

其中，$\omega_i \sim N(0, \sigma^2)$。$Y_i = 1$ 表示劳动力流动，$Y_i = 0$ 表示劳动者没有流动，X_i 是其他自变量，主要包括样本的人口统计特征和职业类型等。

2. *劳动力流动对工资收入的影响*

该部分主要运用最小二乘估计法来探讨劳动力流动与工资收入两者的关系，其中核心自变量为劳动力流动，因变量为个人月工资取对数，模型如下：

$$lnW_i = \alpha_0 + \alpha_1 mobility_i + \alpha_2 X_i + \tau_i \quad (3-5)$$

其中 lnW_i 为个人月工资收入取对数，$mobility_i$ 表示劳动力是否流动，X_i 为控制变量，与（3-5）式保持一致。

（三）工作满意度影响机制的模型构建

在 CFPS 中工作满意度主要通过询问被调查者对自己现有的这份工作是否满意来衡量，对应的选项为“非常不满意”“不太满意”“一般”“比较满意”和“非常满意”，因此采用 OLS 回归模型，即：

$$noncognitive_i = \gamma_0 + \gamma_1 satisifaction_i + \gamma_2 X_i + \mu_i \quad (3-6)$$

$$lnW_i = \delta_0 + \delta_1 satisifaction_i + \delta_2 X_i + \sigma_i \quad (3-7)$$

其中，$satisifaction_i$ 表示工作满意度，式（3-6）用于探讨工作满意度与非认知能力的关系，式（3-7）主要分析工作满意度对工资收入的影响。

二、劳动力流动对非认知能力影响收入的机制分析

（一）非认知能力是否能促进劳动力流动

该部分采用 Probit 模型来分析非认知能力对低学历劳动力流动的影响。结果如表 3-11 所示，模型（34）结果表明，非认知能力对劳动力流动有显著的正向影响，说明非认知能力越高，劳动力流动的概率越高，由模型（35）结果可知非认知能力每提高一个标准差，劳动力流动的概率增加

3.3%，认知能力对劳动力流动也有促进作用，但从边际效应来看，非认知能力的边际效应显著高于认知能力。模型（36）结果显示宜人性对劳动力流动具有显著的促进作用，其中宜人性每增加一个标准差，劳动力流动的概率增加 2.01%。

表 3-11　非认知能力对劳动力流动的影响

解释变量	(34) Probit	(35) 边际效应	(36) Probit	(37) 边际效应
认知能力	0.00770*** (0.00159)	0.0027*** (0.00058)	0.00774*** (0.00160)	0.0028*** (0.00058)
非认知能力	0.0845** (0.0404)	0.033** (0.015)		
神经质			0.0389 (0.0329)	0.0141 (0.012)
宜人性			0.0553** (0.0275)	0.0201** (0.0010)
尽责性			-0.00954 (0.0392)	-0.0035 (0.0142)
其他自变量	Y	Y	Y	Y
R^2	0.106		0.106	
样本量	5376		5376	

注：表中的系数均为回归系数，括号中的数表示标准误，** 、*** 分别表示在 5%、1%的水平上显著。

（二）劳动力流动是否能够提高低学历劳动者的工资收入

由表 3-12 可知，劳动力流动的收入效应显著为正，模型（38）和模型（39）结果均表明，劳动力流动能够显著地提高 2.7%的工资收入，O' Connell 和 Gash（2003）的研究表明，劳动者在劳动力市场的流动会直接影响工资。本节结果表明，非认知能力能够通过促进低学历劳动者的流动来提升其工资收入。

表 3-12 劳动力流动对工资收入的影响

解释变量	(38)	(39)
劳动力流动	0.027** (0.0244)	0.027** (0.0244)
认知能力	0.023 (0.000953)	0.021 (0.000954)
非认知能力	0.038*** (0.0241)	
神经质		-0.020 (0.0196)
宜人性		0.035*** (0.0163)
尽责性		0.044*** (0.0234)
其他自变量	Y	Y
R^2	0.122	0.123
样本量	5353	5353

注：表中的系数均为回归系数，括号中的数表示标准误，**、*** 分别表示在 5%、1%的水平上显著。

三、工作满意度对非认知能力收入效应影响机制的分析

（一）非认知能力是否能提高工作满意度

表 3-13 中模型（40）的结果表明，非认知能力对工作满意度有显著的正向影响，即非认知能力每增加一个标准差，工作满意度提高 15.8%。模型（41）显示，神经质、宜人性和尽责性对工作满意度均有非常显著的正向影响，该研究结论与国外的研究结论一致，Judge 等（2002）的研究表明尽责性与工作满意度呈显著正相关关系（Pold & Mulvey，2010）。其中，宜人性的影响效应最大，即宜人性每增加一个标准差，工作满意度增加 11.9%。

表 3-13　非认知能力对工作满意度的影响

解释变量	（40）	（41）
认知能力	0.018 （0.000883）	0.016 （0.000884）
非认知能力	0.158*** （0.0226）	
神经质		0.042*** （0.0184）
宜人性		0.119*** （0.0153）
尽责性		0.070*** （0.0220）
其他自变量	Y	Y
R^2	0.080	0.082
样本量	5376	5376

注：表中的系数均为标准化的系数，括号中的数表示标准误，*** 表示在 1%的水平上显著。

（二）工作满意度是否提高低学历劳动者的工资收入

表 3-14 的结果表明，工作满意度对工资收入有显著的正向影响，工作满意度提高一个标准差，低学历劳动者的工资收入提高约 8%。综上所述，非认知能力能够通过提高工作满意度来间接提高工资收入。

表 3-14　工作满意度对工资收入的影响

解释变量	（42）	（43）
工作满意度	0.076*** （0.0145）	0.075*** （0.0145）
认知能力	0.022 （0.000945）	0.020 （0.000946）
非认知能力	0.023* （0.0242）	

续表

解释变量	(42)	(43)
神经质		-0.026* (0.0194)
宜人性		0.026** (0.0163)
尽责性		0.038** (0.0233)
其他自变量	Y	Y
R^2	0.135	0.136
样本量	5353	5353

注：表中的系数均为标准化的系数，括号中的数表示标准误，*、**、*** 分别表示在10%、5%、1%的水平上显著。

第七节　本章结论与政策建议

一、研究结论

本书使用中国家庭追踪调查数据（CFPS）比较系统地讨论了能力与低学历劳动者工资收入两者的关系。本书首先分析了认知能力和非认知能力对低学历劳动者的收入效应，其次从性别、户籍状态和职业类型三个方面来探讨非认知能力收入效应的异质性，最后从劳动力流动和工作满意度两个角度来分析非认知能力收入效应的作用机制。本书的主要结论如下：

（1）非认知能力对低学历劳动者的工资收入有显著的正向影响，非认知能力对该群体的工资效应为 3.6%，经过内生性问题的处理之后，收入效应反而上升至 4.2%。该收入效应的主要来源为基于尽责性，尽责性每增加一个标准差，收入增长 4.6%，考虑反向因果和遗漏变量问题之后，尽责性的收入效应基本不变，宜人性对收入的影响不显著。认知能力对低学历劳动者工资收入没有显著影响。为了进一步突出非认知能力对低学历劳动者的收入效应，通过比较能力对高学历劳动者和低学历劳动者的研究发现，对高学历劳动者而言，认知能力对其工资收入有显著的正向影响，而神经质对其工资收入有显著的负向影响。

（2）非认知能力收入效应的异质性分析。从性别差异来看，非认知能力对低学历女性劳动者的工资收入有显著的正向影响，其中，尽责性每增加一个标准差，女性的工资收入提升 5.9%。非认知能力对低学历男性劳动者的收入没有显著的影响。从户籍类型来看，非认知能力对农村户籍的低学历劳动者的工资收入有显著的正向影响，影响效应为 5.1%，宜人性和尽责性对其收入均有显著的正向影响，且收入效应均在 5%左右，非认知能力对城镇户籍的劳动者没有显著影响。从职业类型来看，通过 Heckman 两阶段模型分析发现，在低学历劳动者中，白领工作者存在正向的自选择，考虑选择性偏差后，结果表明能力对白领和蓝领收入的影响存在非常明显的差异，对低学历劳动者来说，能力得分越高，选择白领工作的概率越高，其中包括认知能力得分和非认知能力得分。从不同职业类型来看，认知能力对白领工作者的工资收入有显著的正向影响，认知能力每提高一个标准差，收入增加 3.83%，非认知能力整体得分对其收入没有显著影响，但从非认知能力各个人格维度来看，宜人性会显著提高白领的收入，而神经质会显著降低白领的工资收入。对蓝领工作者的研究结果表明，认知能力对其收入没有显著影响，非认知能力对其工资收入有显著的正向影响，非认知能力得分每增加一个标准差，蓝领工作者的工资收入显著提升 8.09%，其中尽责性的收入效应为 7.3%。

（3）基于对非认知能力收入效应的机制分析。一方面，非认知能力通过促进劳动者流动来间接提高低学历劳动者的工资收入；另一方面，非认知能力能够显著提高劳动者的工作满意度，进而提升工资收入。

二、政策建议

人力资本投资是劳动力质量提升的主要渠道，随着我国人口红利的消失，对于低学历劳动者的人力资本提升更为迫切。基于上述研究结论，本书具有以下政策启示。

（1）针对低学历劳动者的人力资本投资，应该以非认知能力的培养为核心。应摒弃过去认为“个性特征”是固定的、基因遗传等的陈旧观点，现有研究表明，非认知能力能够被塑造，与认知能力相比，非认知能力在生命的后期更具有延展性。神经科学研究表明，非认知能力后期的延展性与大脑前额叶皮层的缓慢发展有关（Walsh，2005），相反，认知能力在青春期已经基本固定。对于已经进入劳动力市场的低学历劳动者来说，他们的认知能力水平基本无法改变，但非认知能力水平能够进一步提升，因此，培训部门应着力培养他们的人格特征。

（2）本书发现非认知能力回报具有很强的异质性。其对女性劳动者，农民工群体和一线制造工人的高回报率使得非认知能力可以成为缩小收入差距的有效突破口，在围绕职业能力培养方案的设计中，我国应该开发非认知能力提升课程，把责任心、情绪控制与压力管理的技巧纳入课程与考核体系中去。

三、不足与展望

本章还存在较多的不足点，主要有以下几点：①数据的局限性。一方面，本书使用的数据只探讨了大五人格中的主要三大人格，其他两个人格维度仍然具有深入探讨的价值；另一方面，该数据中与雇主相关的重要信息有限，无法从雇主的角度深入挖掘非认知能力对低技能群体工资收入的影响机制。②内生性问题。解决内生性问题最好的方法是寻找工具变量，本书采用的方法只能在一定程度上减少内生性问题对结果的影响。因此，未来该问题的研究难点仍然是解决内生性问题。值得深入研究的问题主要包括两个方面，一方面是能力对收入的影响机制分析，如从雇主的角度探讨个性特征即非认知能力的收入影响机制；另一方面，分析能力对缩小收入差距的影响，如非认知能力缩小城乡收入差距问题，从而有针对性地制定公共人力资本投资政策。

第四章　新人力资本对低技能劳动者就业质量的影响

第一节　研究背景

我国的技能人才培养体系近年来一直面临“就业热、招生冷”的窘境，职业教育毕业生就业率虽然一直保持在95%以上，但生源总数却逐年萎缩，究其原因，主要与职业教育毕业生收入水平低、就业不稳定以及职业发展前景黯淡密切相关。《2015年全国中等职业教育毕业生就业质量调查》的数据显示，中职毕业生平均每周工作时间高达50.92小时，而高强度的工作参与并未给他们带来可观的收入，其平均月收入仅为2450.5元，换算成小时工资率为15元，其中女性的小时工资率仅为12.5元，基本等于我国欠发达省份的最低工资水平。此外，调查显示超过1/3的中职毕业生在参加工作后的前三年换过2次以上的工作，每份工作的平均持续时间仅为10个月。工作经验是技能型人才积累人力资本最有效的方法，频繁转换工作不仅使得毕业生难以在一个岗位上深入持续地进行技能积累，增加了就业的不稳定性，而且降低了企业对技能培训的投入和积极性，严重影响了其就业质量。党的十九大报告提出“实现更高质量和更充分就业”，明确将就业质量置于就业工作的优先地位和核心地位，而突破技能人才培养制度发展困境的方法也正在于此。职业教育作为现代国民教育体系的重要组成部分，肩负着为经济社会发展培养高素质劳动者的重大使命。现阶段，我国经济结构转型与产业结构升级正处在关键时期，培养和储备高素质的产业人才队伍是这一时期最重要的工作任务。在此背景下，我国各级职业教育面临着快速发展的契机和提升培养质量的挑战。我们不能仅着眼于毕业生的就业率，而是要进一步探索提升其就业质量之道，从而增强其对优质生源的吸引力，形成从毕业出口到招生入口的良性循环。

第二节　研究综述

基于传统人力资本研究框架，社会科学家们在关注劳动力市场表现时，大多聚焦教育水平（Becker，1964；Mincer，1974），在大量的实证研究中，简单地将教育作为潜在能力的代理变量，这样做的隐含假设是个体教育水平的差异可以较为准确地反映在劳动力市场上获得报酬的各种能力水平的差异。但是在我国劳动力市场上，即使教育水平相同的个体，运算、语文等能力差别仍然很大，可见关注就业表现时的能力要素不容忽视。

随着新人力资本理论研究的逐步展开，以前被认为是不可测量的能力成为收入决定中的核心变量，大量的实证研究发现，对于个体收入等社会经济结果而言，认知能力①是最强有力的决定因素（Murnane，et al.，1995；Heckman，Stixrud & Urzua，2006，Lindqvist & Vestman，2011），影响路径包括直接影响收入与通过影响教育水平间接影响收入。其中后者的效果更强，学者们发现当剔除教育因素后，认知能力对收入的预测能力显著下降（Huang & Xie，2015）。因此，在研究认知能力的收入效应时，如

① 认知能力是指人脑加工、储存和提取信息的能力，即人们对事物的构成、性能与他物的关系、发展的动力、发展方向以及基本规律的把握能力。它是人们成功完成活动最重要的心理条件。知觉、记忆、注意力、思维和想象的能力都被认为是认知能力。

何去除教育混杂的影响是实证研究需要解决的重要问题。

然而，认知能力在对个体在劳动力市场表现上的解释力并未让人满意。在传统经济学研究中，个体决策主要受到约束、偏好和预期的影响，它们通常被设定为外生的。研究者发现非认知能力可以通过影响这三种因素间接影响个体决策，从而决定劳动者的社会经济表现（Borghans, et al., 2008; Almlund, et al., 2011; Heckman, 2011）。非认知能力指不直接参与认知过程，但对认知过程起作用的心理因素，如个性、情绪和心态等，在实证研究中，大五人格是最常被用来测量非认知能力的指标（Heckman, et al., 2006）。Heckman 等（2006）通过估计一系列潜在的能力向量的回报率发现非认知能力与认知能力在预测成人劳动者工资上效力相当，非认知能力的回报率约为 11.2%。Lindqvist 和 Vestman（2011）利用瑞典征兵数据研究发现了非认知能力（个性特征得分）每提高一个标准差，收入的增长幅度在 4%~8%。

随着研究的展开与深入，研究人员发现认知能力的解释力随着工作复杂程度的降低而有所降低，而非认知能力对个体的影响在中低端劳动力市场上表现得尤为突出。Nyhus 和 Pons（2004）利用荷兰住户调查数据（DNB）检验了大五人格特征的收入效应，发现宜人性与女性低收入群体紧密相关。Heckman 等（2006）通过对美国参与 GED（General Educational Development）[①] 的学生进行追踪研究进一步肯定了非认知能力在劳动力市场上有区别于认知能力的独立价值。Heckman 研究团队发现虽然 GED 的获得者与那些高中毕业但未继续进行大学教育的学生有相同的认知能力，但却获得与那些高中辍学者相当的工资水平。这主要是因为他们缺乏成就动机与毅力，即非认知能力水平较低，甚至低于高中辍学者。GED 获得者高出辍学者的认知能力并不能弥补他们非认知能力的不足。当控制了 GED 参与者高出辍学者的那部分教育水平和智商测试成绩后，他们的收入显著低

① GED 是美国教育部针对因各种原因未获得高中毕业文凭的人提供获得高中毕业证的机会，通过的人即可获得美国高中同等学历证书。

于辍学者。Rosas 等（2017）利用随机实验法评估了认知能力与非认知能力对贫困地区青少年的一系列在劳动力市场行为的影响。结果发现两种能力都会显著增加塞拉利昂城区青年人参与就业和创业的概率，并且能有效提升他们居家创业的盈利水平。其中，非认知能力的正向效应主要针对青年群体中初始能力较差的弱势人群，并且它对干预实验的敏感性更强。非认知能力的可塑性一直可以持续到个体步入成年之后。

综上所述，认知能力与非认知能力对个体劳动力市场表现的影响在发达国家的教育领域得到认可，然而在发展中国家的研究才刚刚起步，特别是针对特征性群体（例如低技能群体、青年群体）还鲜有人关注。囿于数据局限性，我国围绕职业教育毕业生劳动力市场表现的讨论，还仅局限在教育的回报率方面，不仅忽略能力对收入的重要影响（陈伟和乌尼日其其格；2016），还缺乏对收入以外就业质量的其他维度的关注。职业教育学生一般是选拔考试的失败者，仅着眼于“教育—收入”之间的关系，使得我们在寻求职业教育毕业生的就业质量提升策略时缺乏有效办法，并且难以把握问题的核心。此外，在就业质量指标体系的讨论中，国际上广泛使用和接受的就业质量指标主要有欧洲基金会（European Foundation）、加拿大、新西兰、联合国欧洲经济委员会（United Nations Economic Commission for Europe）以及美国所建立的体系。其中，就业稳定性（在加拿大称为“重新找工作的打算”）是除收入外，国内外最常被提到的就业质量的核心指标。因此本书选择收入与就业稳定性来衡量中职毕业生的就业质量。

职业教育的目标是培养专业知识与软技能兼具的技能人才，前者与认知能力密切相关，后者则是典型的人格因素，属于非认知能力的范畴。本书利用《2015 年全国中等职业教育毕业生就业质量调查》数据，旨在探寻认知能力与非认知能力对我国中职毕业生就业质量的影响，以期为优化我国职业教育培养体系提供实证参考。

第三节 数据、模型和变量

一、数据来源

本书的数据来源于国家教育部职业教育与成人教育司与中国就业研究所联合进行的《2015 年全国中等职业教育毕业生就业质量调查》，该调查选择我国中等职业教育较具代表性的山东省潍坊市和四川省成都市，按照5%的比例对整体样本进行抽样。经过样本筛选、数据整理和逻辑检验，剔除有逻辑错误或者不符合研究要求的问卷后，最终获得有效样本量为1413 份。

该数据除了包含中职毕业生在劳动力市场上的表现与基本情况外，在个人特征部分特别收集了个体智商与个性的表现，为探索能力对就业质量的影响提供了很好的数据基础。此外，如前所述，能力可以通过影响个体获得教育水平来影响收入等劳动力市场表现，因此选取同一教育程度的毕业生作为样本来分析两种能力对劳动力市场表现的影响，完全避免了教育作为混杂因素对能力—收入效应的干扰，这成为该数据的另一大优势。

二、模型构建

1. 能力对收入的影响

本书的因变量之一是月工资取对数，属于连续变量，可直接使用多元回归模型。本书研究能力对收入影响的多元回归模型如下：

$$\ln W_{it}=\beta_0+\beta_1 X_{it}+\beta_2 P_{it}+\beta_3 Cog_{it}+\varepsilon_{it} \tag{4-1}$$

其中，$\ln W_{it}$ 为月工资取对数，X_{it} 代表一系列控制变量，P_{it} 代表非认知能力（五个维度），Cog_{it} 表示认知能力。

2. 能力对就业稳定性的影响

本书选择假设条件更为宽松的多元选择模型（Multinomial Logit Model）①来研究能力对职业转换的影响。对于 j=1，2，…，J 类的工作转换类型进行回归，Multinomial Logit Model 可以通过以下形式描述：

$$\ln\left[\frac{p(y=j/x)}{p(y=J/x)}\right]=\alpha_j+\sum_{k=1}^{K}\beta_{jk}P_k+\sum_{k=1}^{K}\beta_{jk}Cog_k+\sum_{k=1}^{K}\beta_{jk}X_k \tag{4-2}$$

第 j 个类别的工作转换的概率可以由下式进行估计：

$$p(y=j/x)=\frac{e_j^{\alpha}+\sum_{k=1}^{K}\beta_{jk}P_k+\sum_{k=1}^{K}\beta_{jk}Cog_k+\sum_{k=1}^{K}\beta_{jk}X_k}{\left(1+\sum_{j=1}^{J}e_j^{\alpha}+\sum_{k=1}^{K}\beta_{jk}P_k+\sum_{k=1}^{K}\beta_{jk}Cog_k+\sum_{k=1}^{K}\beta_{jk}X_k\right)} \tag{4-3}$$

三、变量选取

如前所述，本书选择收入与就业稳定性来描述中职毕业生的就业质量。其中，收入使用中职毕业生的月工资的对数，工作稳定性参照张艳华和沈琴琴（2013）的研究用工作转换的频次来进行描述。由于该调查的对象是毕业三年以内的中职毕业生，平均工作经验为 1.32 年，本书将工作稳定性做了不同程度的区分。根据问卷中“毕业至今共做过几份工作”来确定转换工作的次数。其中，工作转换一次的群体可能存在寻找最优匹配来增加就业质量的可能性，而工作转换两次及以上的群体就属于工作极为不稳定，意味着较差的就业质量。

核心自变量是认知能力与非认知能力，该调查中的认知能力测试题目 4 道来自韦氏智力量表，2 道来自卡特尔 16PF 聪慧性试题，4 道来自瑞文标准推理测验，量表的信度系数为 0.80。在非认知能力方面，该调查选用了大五人格量表，它将人的个性特质分为开放性、尽责性、外倾性、宜人

① 虽然工作转换的次数看起来具有从低到高的序次排列的特征，但是本书通过“Test of Parallel Lines”检验拒绝了累积比数 Logit 模型（Cumulative Odds Logit Models）。

性和神经质。大五人格的测量有多种简版量表①，从理论上讲，长度短的量表准确性一般比长度长的低，但如果考虑简短量表带来的效益，其仍然具有很大的必要性和价值（Gosling，2003），况且有研究证明了在实际的应用中长度长的工具并不总是比它的简版要好（Langford，2003）。

该调查参考多种简版量表，每个维度选取 4 个问题，用以个体非认知能力的测量。大五人格量表的信度系数一般在 0.75~0.90，该调查中五个维度的信度系数分别为 0.74、0.76、0.78、0.75 和 0.73。量表信度系数会随着某个维度问题数量的增加而增加，若该调查不进行问题缩减，换算出的信度系数为 0.78~0.86，平均值为 0.82，满足了高于 0.75 的信度标准。因此，该调查对认知能力与非认知能力的度量是较为可信的。

此外，代表非认知能力的五大人格特质得分和认知能力得分都用平均得分表示。其他变量包括健康状况、工作经验、性别、家庭经济地位、兄弟姐妹个数、员工类别、所在地区和受访者参加第一份工作第一个月的工资收入，所有变量的名称与定义如表 4-1 所示。

表 4-1　变量的定义

变量名	变量定义
月工资对数	每月的工资收入取对数
工作转换的次数	2=工作转换 2 次及以上，1=工作转换 1 次，0=无工作转换
开放性	开放性维度题目的平均得分
尽责性	尽责性维度题目的平均得分
外倾性	外倾性维度题目的平均得分
宜人性	宜人性维度题目的平均得分
神经质	神经质维度题目的平均得分

① 大五人格的测量量表主要分为两大类，一类是形容词评定量表，以 Goldberg 编制的 100 个单极形容词评定量表（TDA）为代表，另一类是句子描述性评定量表，其中使用最多影响最大的是 NEO PI-R 量表，包含 250 项描述。为了满足大型调研中又快又准地测量人格特征的需要，研究者们随后又开发了简化量表，例如 60 个项目的 NEO-FFI 量表，44 个项目的 BFI 量表，10 个项目的 TIPI 量表和 5 个项目的 FIPI 和 FII 量表（Gosling，2003）。

续表

变量名	变量定义
认知能力	认知能力题目的平均得分
健康状况（%）	1=健康状况一般及以上，0=健康状况不好
工作经验	被调查者自己报告的从毕业到现在的工作时间（换算为年）。
性别（%）	1=男性，0=女性
家庭经济地位（%）	1=高于或等于当地平均，0=低于当地平均
兄弟姐妹个数（%）	1=1个兄弟姐妹，0=2个及以上
员工类别（%）	1=普通，0=非普通（技术、行政、管理为主）
地区（%）	1=山东，0=四川

注：连续变量给出的是均值和标准差，分类变量给出的是百分比。

第四节　实证分析

一、描述性统计

表4-2是变量的描述性统计分析，由表中结果可以看出，在非认知能力方面，女性在尽责性、外倾性、宜人性方面的得分比男性高，而男性在开放性和神经质方面的得分高于女性，且高于总体水平。在传统人力资本存量方面，女性比男性更有优势，其中女性的认知能力得分更高，工作经验比男性更丰富，并且健康状况更好。在家庭背景方面，女性的家庭经济环境优于男性，而男性毕业生的兄弟姐妹个数比女性更少。

表4-2　变量的描述性统计

变量名	总体	男性	女性	女性—男性
月工资对数	7.73 (0.37)	7.80 (0.40)	7.68 (0.35)	-0.126**
工作转换的次数=1（%）	33.39	27.78	36.98	9.7*
工作转换的次数=2（%）	27.08	28.24	26.33	-1.91

续表

变量名	总体	男性	女性	女性—男性
开放性	3.60 (0.77)	3.61 (0.76)	3.60 (0.77)	-0.012
尽责性	3.68 (0.80)	3.67 (0.79)	3.68 (0.07)	0.007
外倾性	3.69 (0.80)	3.63 (0.77)	3.73 (0.82)	0.105*
宜人性	4.05 (0.83)	3.98 (0.80)	4.09 (0.85)	0.113*
神经质	2.96 (0.97)	3.00 (0.96)	2.94 (0.98)	-0.062
认知能力	0.65 (0.24)	0.64 (0.25)	0.65 (0.22)	0.015
健康状况（%）	85.02	83.8	85.8	-0.020
工作经验	1.32 (0.72)	1.29 (0.67)	1.34 (0.75)	0.040
性别（%）	38.99	—	—	—
家庭经济地位（%）	74.37	68.52	78.11	-0.096***
兄弟姐妹个数（%）	32.49	54.63	18.34	-0.363***
员工类别（%）	54.51	48.15	58.58	0.167***
地区（%）	81.05	70.83	87.57	0.104**

注：连续变量给出的是均值和标准差，分类变量给出的是百分比；双边 T-test 检验 * 表示 $p<0.05$、** 表示 $p<0.01$、*** 表示 $p<0.001$。

二、实证结果

本书的研究主要包括两个步骤，首先使用多元回归方法估计能力对中职毕业生收入的影响，其中关注两个重点：①认知能力和非认知能力对中职毕业生工资的影响程度；②认知能力和非认知能力对中职毕业生工资影响的性别差异。其次使用多元选择模型探索能力对工作转换次数的影响。为了更加审慎地描述实证结果，在阐释经验证据时，将许多已有研究的相关结论与本书的研究进行对比分析，以此来验证本部分结论的稳健程度。

（一）认知能力和非认知能力对中职毕业生工资收入的影响

表4-3显示了在我国中低端劳动力市场上能力的收入效应非常显著。模型（1）是基准模型，主要为了探讨除认知能力和非认知能力之外，其他变量尤其是传统人力资本变量（工作经验、健康状况）对中职毕业生工资的影响，结果表明，模型中的所有自变量对工资都有显著的影响。其中传统人力资本因素中的工作经验与健康状况的提升在劳动力市场中都有显著的正向回报。

表4-3　认知能力与非认知能力对中职毕业生工资的影响

解释变量	(1)	(2)	(3)	(4)
工作经验	0.187*** (0.0207)	0.182*** (0.0208)	0.187*** (0.0208)	0.0897*** (0.0208)
经验平方	-0.001*** (0.000)	-0.000** (0.000)	-0.001** (0.000)	-0.000*** (0.000)
健康状况	0.124*** (0.0434)	0.124*** (0.0434)	0.118*** (0.0439)	0.135*** (0.0445)
男性	0.191*** (0.0333)	0.191*** (0.0333)	0.184*** (0.0335)	0.183*** (0.0335)
员工类别	-0.160*** (0.0305)	-0.161*** (0.0304)	-0.153*** (0.0306)	-0.154*** (0.0306)
兄弟姐妹个数	-0.101** (0.0346)	-0.095** (0.0346)	-0.097** (0.0345)	-0.091** (0.0346)
家庭经济地位	0.120*** (0.0357)	0.120*** (0.0356)	0.118*** (0.0359)	0.118*** (0.0359)
地区	-0.080* (0.0401)	-0.081* (0.0400)	-0.093** (0.0408)	-0.093** (0.0407)

续表

解释变量	(1)	(2)	(3)	(4)
认知能力		0.066* (0.0634)		0.070* (0.0639)
开放性			-0.017 (0.0257)	-0.021 (0.0257)
尽责性			0.137** (0.0268)	0.143** (0.0268)
外倾性			-0.032 (0.0265)	-0.031 (0.0265)
宜人性			-0.032 (0.0227)	-0.042 (0.0228)
神经质			0.025 (0.0155)	0.025 (0.0155)
Adj R^2	0.140	0.144	0.150	0.155

注：表中的系数为标准化的系数，括号中的数表示标准误，*、**、***分别表示在10%、5%、1%的水平上显著。

模型（2）中仅加入认知能力，不含非认知能力，模型（3）中仅加入非认知能力，不含认知能力，模型（4）为完整模型。横向比较发现，调整后的 R^2 逐步增大，与基准模型相比，只加入认知能力，对工资对数方差的解释增加了0.4%，只加入非认知能力，对工资对数方差的解释增加了1%，同时加入认知能力和非认知能力后，对工资对数的方差解释增加了1.5%，可见，在中低端劳动力市场上，非认知能力与认知能力相比，对工资方差的解释力度更大。在模型（2）和模型（4）中，认知能力的系数显著为正，认知能力对工资有正向影响，认知能力每提高一个标准差，劳动者工资提高6.6%，这与国外实证结果相一致，Groves（2005）发现随着智商一个标准差的增加，工资将增加6.6%~7.7%。在非认知能力中的五个维度中，对工资影响最大的是尽责性，模型（4）中其影响程度为14.3%，在5%的显著性水平上显著，即在其他变量控制不变的情况下，尽责性得分每提高一个标准差，工资会提高 14.3%。其余四个维度对工资的影响程度在一个数量级，其中开放性、外倾性与宜人性估计系数为负，神经质的估计系数为正，但不显著。从结果来看，尽责性对中职毕业生的收入影响最大。

值得一提的是，在所有回归模型中，性别虚拟变量的标准估计系数约为 0.2，且均在 1%的显著性水平上显著，表明在其他变量不变的情况下，男性比女性月工资高 20%，说明在中职毕业生中，工资存在较大的性别差异，认知能力和非认知能力对不同性别中职毕业生的工资有怎样的影响是我们接下来要探讨的问题。

（二）认知能力和非认知能力对中职毕业生工资影响的性别差异

表 4-4 中模型（5）和模型（6）分别呈现了在不同性别样本中能力对收入的影响系数，模型（7）通过加入尽责性与性别的交互项来检验非认知能力的回报率是否具有显著的性别异质性。本书发现，认知能力在中低端劳动力市场上的回报显示出一些异质性，男性的回报率高于女性，分别为 7%与 5.4%。而非认知能力的收入效应呈现出相反趋势，其中最显著的维度是尽责性。尽责性对男性工资没有显著影响，而对于女性来说，控制其他变量，尽责性得分每提高一个标准差，会引起月工资 22.1%的提升，高于完整模型中的 15.1%，这与 Mueller 和 Plug（2006）的研究结果一致，即尽责性对女性的工资有显著的影响。究其原因可能是不同性别的劳动者由于天赋或偏好的差异进入不同的职业与岗位中，而不同职业与岗位上的雇主看重与偏好的能力维度具有较大差异。样本中男性劳动者有 67.18%集中在技术岗位（专业技术人员和生产设备操作人员），该领域更看重雇员掌握和运用技术的能力，这种能力更大程度上反映的是智商水平。样本中女性劳动者有 34.56%集中在与服务相关的行业中，是男性劳动者的 2 倍多，这种岗位上雇主可能更看重人格、情绪等特征，使得非认知能力对于女性来说回报更高。

表 4-4 非认知能力对工资影响的性别差异

解释变量	男性（5）	女性（6）	总样本（7）
开放性	-0.018 (0.0493)	-0.043 (0.0295)	-0.022 (0.0258)
尽责性	0.066 (0.0477)	0.221*** (0.0320)	0.151** (0.0308)
外倾性	0.020 (0.0498)	-0.079 (0.0306)	-0.029 (0.0266)
宜人性	-0.040 (0.0425)	-0.039 (0.0265)	-0.041 (0.0229)
神经质	0.057 (0.0289)	0.0001 (0.0181)	0.023 (0.0155)
认知能力	0.070* (0.108)	0.054* (0.0800)	0.068* (0.0642)
兄弟姐妹个数	-0.170** (0.0543)	-0.053 (0.0479)	-0.090** (0.0347)
家庭经济地位	0.030 (0.0633)	0.171*** (0.0436)	0.118*** (0.0359)
尽责性×男性			-0.058* (0.0385)
其他控制变量	Y	Y	Y
Adj R^2	0.127	0.187	0.156

注：表中的系数为标准化的系数，括号中的数表示标准误，*、**、*** 分别表示在 10%、5%、1%的水平上显著。

开放性在三个回归中的估计系数均为负，这与 Seibert（2001）等的研究结果一致，但结果并不显著。在外倾性估计系数中，男性为正，女性为负，同大多数研究结果一样，但外倾性对工资并没有显著影响。宜人性在三个回归中估计系数均为负，这与 Nyhus（2005）、Muller（2006）和 Heineck（2007）研究结果一致，但并不显著。横向比较发现，女性样本的拟合优度为 18.7%，男性样本的拟合优度为 12.7%，说明非认知能力对女性中职毕业生有更好的解释力。

（三）认知能力与非认知能力对就业稳定性的影响

如表 4-5 所示，当我们将关注的因变量设定为就业稳定性水平时，尽责性依旧展现出对就业质量的正向影响。表中显示的系数估计值是风险比值（Odds Ratio），代表当自变量变化时，进行一种就业转换与不发生转换的概率比值的对数。其中认知能力对就业转换没有显著影响，而非认知能力的三个维度分别对不同的就业转换次数产生了不同类型的显著影响。宜人性倾向会显著增加个体适当转换工作的概率，而神经质维度与短期内多次转换工作相关联，较大增加了中职毕业生的就业不稳定性。神经质在大五人格理论中又被称为情绪稳定性，该维度得分越高代表个体的情绪不稳定性越强，这种人格特质使得劳动者在劳动力市场上频繁变动工作，给就业质量带来负面影响。尽责性维度的系数为负且显著，说明责任感能有效帮助毕业生减少频繁转换工作的概率，提升其就业稳定性。Seim（2017）利用多数据库横向匹配的数据研究了认知能力与非认知能力对工作转换的影响，其中围绕责任感与情绪稳定性两个维度的实证结果支持了本书的研究结论。

表 4-5　非认知能力对就业转换的影响

解释变量	就业转换＝1 次 （8）	就业转换≥2 （9）
工作经验	0.601*** （0.000）	0.649*** （0.440）
经验平方	0.0260*** （0.135）	0.0141*** （0.165）
健康状况	0.309 （0.280）	0.511 （0.278）
男性	-0.120 （0.222）	-0.081 （0.213）

续表

解释变量	就业转换=1次 (8)	就业转换≥2 (9)
认知能力	0.156 (0.731)	-0.376 (0.421)
开放性	0.123 (0.170)	0.239 (0.170)
尽责性	0.100 (0.177)	-0.262* (0.157)
外倾性	-0.112 (0.174)	0.069 (0.198)
宜人性	0.325** (0.042)	0.174 (0.153)
神经质	0.065 (0.103)	0.229** (0.117)
其他控制变量	Y	Y
Adj R^2	0.037	0.039

注：参照组是就业转换次数为0；括号中的数为标准差，*、**、***分别表示在10%、5%、1%的水平上显著；回归系数通过了多元选择模型的事后检验。

第五节　本章结论与政策启示

一、结论

首先，本书利用《全国中等职业教育毕业生就业质量调查》数据考察了传统社会科学在研究劳动者在劳动力市场表现时常常忽略的能力变量在中低端劳动力市场中对劳动者就业质量的影响。实证研究首先发现在控制了其他传统人力资本变量后，认知能力与非认知能力尽责性都显现出对工资显著的正向作用，回报率分别为6.6%和14.3%，其中非认知能力的收入效应主要来自尽责性维度。可见，总的来说非认知能力在中低端劳动力市场上更有价值。

其次，本书发现认知能力与非认知能力的回报在不同性别间具有较强的异质性，但是与非认知能力相比，认知能力在中低端劳动力市场上的优势非常稳健。其中男性的认知能力回报略高于女性，而非认知能力在提升女性收入方面的作用非常显著。女性的尽责性对收入有显著正效应，回报率大于样本平均水平，约为22.1%，而非认知能力的所有维度对于男性都没有显著影响。

最后，本书考察了能力对就业质量的另外一个重要维度——就业稳定性的影响，发现尽责性与情绪稳定性能显著增加中职毕业生的就业稳定性，从而提升就业质量，此外宜人性与适度的就业转换相关联。

二、政策启示

1. 我国职业教育应将非认知能力的培养放到与认知能力同等重要的地位上

我国各级教育都过分强调体现认知能力的考试成绩，职业教育尤其强调各项操作技能的记忆训练，而忽视像毅力、责任心、自我激励和自尊感这样的非认知能力的开发。然而针对能力的形成规律与回报率，这样的公共教育投资策略并不适当。中职毕业生是选拔考试的失利者，其考试成绩不仅体现了智力水平的差异，还体现出一些非认知能力的差异，例如成就动机、学习能力和自我约束能力。生源能力水平普遍偏低，使得中职教育难以摆脱“次等教育”的困境。想要突破这一困境，公共职业教育部门不能仅把精力放在学生的课程学习与技能养成上，还需另寻突破口——非认知能力。

支撑这一选择的原因有以下两点：第一，非认知能力的可塑期持续时间更长。神经系统科学的证据显示，青春期的干预可以有效影响非认知能力的形成，因为负责控制情绪和自我管理的脑前额皮质在20多岁以内都具有可塑性（Dahl，2004）。而智商得分在10岁左右就保持稳定不再发生变化了（Hopkins & Bracht，1975）。一般来说，中职学生的年龄段处于15~20岁，此时认知能力（智商）水平基本稳定，提升空间有限。而非认知能力恰好处于形成的关键时期。第二，本书证实了与认知能力相比，非认知能力具有更高的回报率，此时旨在“扶弱”的公共政策可以获得公平与效率的统一。“事匠技”与“尚匠心”缺一不可，公共教育部门在课程体系的建设、师资力量的配备与资金支持上至少应将对非认知能力的重视程度上升到与认知能力同等重要的地位。

2. 着力开发针对非认知能力提升的课程体系

任何教育理念，都要通过课程体系来体现和落实。目前，职业院校开设的与非认知能力培养相关的课程仅涉及思想政治教育课程和心理健康教育课程等，不仅内容单一，而且对毕业生未来职场表现的作用并不明确。因此，探索职校毕业生获得高质量就业应该具备的软能力模型是开发课程体系的基础。

具体做法是，选取获得高质量就业和成功职业生涯的技能型人才进行调查研究，收集和整理他们具备的关键性非认知能力指标，形成一整套技能型工人的胜任力素质模型。在此基础上，借鉴加拿大在社区大学中推行的做法，为我国不同级别职业院校学生设定应该掌握的软能力清单和能力层级，再将这些能力养成必备的要素融入课程建设中，形成贯穿整个职业教育周期的课程体系。

3. 非认知能力的培养模式应是多元训练而非单向传授

非认知能力与认知能力有着截然不同的形成规律，因此其培养方式不能采用传统课堂中教师单向传授的模式，而需要依据不同模块的软能力特点选择更加多元的培养方式。首先在课堂组织形式上，应该依据课程内容主动运用案例式、互动式、启发式和情境式的教学方法，特别是以学生为主体的项目教学法。其次在教学活动中设置专业实训，培养学生的沟通表达能力、团队合作能力以及情绪控制与压力管理的技巧。最后在教学过程中教师需要主动引导学生关注自己责任心的培养、职业素养的建构，并安排学生撰写学习日志，及时向教师反馈在项目教学中的所学所感，以帮助教师及时调整课程设置和教学方法，在师生互动中提升非认知能力。

此外非认知能力的养成不仅需要教师的言传，还需身教。不仅需要课堂学习，还需要走进真实职场进行锤炼。责任心、创新思维的养成是一个潜移默化的过程，依赖于人与人之间的行为感染和情感交流，需要在长期的工作实践中自己体会，需要企业文化的熏陶。这样的培养过程，单靠职业院校是不可能完成的，需要多方主体的共同参与协调，因此，现代学徒制不失为培养学生软能力的有效方法。现代学徒制是一种以工学结合，校企合作为特征的人才培养模式，学生可以在真实的工作环境中，细细体味师傅的咫尺匠心，把对师傅的模仿由行为层面上升至态度层面，从而形成自己的核心非认知能力。

第五章　新人力资本对性别工资差异的影响

第一节　问题的提出

国际劳工组织2018年底发布《2018/2019全球工资报告：性别薪酬差距的背后原因是什么?》，该报告收集了来自70多个国家和地区80%雇员的工资情况后总结得出，在全球范围内，女性月平均收入比男性约低20%；在中国，女性和男性的月平均收入相差19%。同时，世界经济论坛发布的《2018全球性别差距报告》中显示，全球女性的平均薪酬仅为男性的63%，冰岛是最接近性别薪酬平等的国家，女性收入达到男性的90%左右，而实现职场性别平等则需要202年。可见，性别收入差距问题依然存在。国内现有研究中将性别收入的来源归结于传统的人力资本、职业隔离、劳动力市场、家庭结构，但纳入这些因素后，仍然有大部分的性别收入差距无法解释。近年来，国外研究学者引入新人力资本来解释性别工资差距，研究表明一方面非认知能力及其回报率的差异对性别工资差距具有直接影响，另一方面非认知能力通过职业选择等方式对性别收入差距产生间接影响（郑加梅和卿石松，2016）。那么就中国而言，新人力资本是否能够解释性别收入差距正是本书要探讨的问题。

第二节　文献综述

近年来一些研究也表明非认知能力对两性工资具有不同的作用机制可能成为解释性别收入差距的一个新角度（Bouchard & Loehlin，2001；Mueller & Plug，2006）。总体来看非认知能力可以解释性别工资差异的 8%～18%，作用机制包括直接机制即非认知能力与其回报率影响性别收入差异（Costa，et al.，2001；Cobb-Clark & Tan，2011）和间接机制即非认知能力通过影响教育选择、职业选择等方式间接影响性别收入差异（Nikolaou，2012；Cattan，2012）。Mueller 和 Plug（2006）发现在劳动力市场上宜人性对收入具有显著的负效应，相比男性，女性在宜人性上具有更高的得分，因此宜人性成为解释男女性别收入差距的重要原因。Tognatta 等（2016）发现，在控制职业类别后开放性和神经质是解释性别工资差距的重要因素，平均来看男性在开放性和神经质特征上得到更高的回报。

综上所述，国外文献围绕非认知能力对劳动者在劳动力市场表现的研究较为丰富，特别是对工资效应的探索已经比较成熟，而针对其对性别工资差距的影响则刚刚起步，还并未获得稳健有力的经验证据支撑。我国囿于数据局限性，围绕非认知能力对劳动者在劳动力市场表现的研究处于起步阶段（黄国英和谢宇，2017；程虹和李唐，2017）。心理学测量的进展使得我们可以较为准确地度量人格特征，新人力资本研究的兴起又为我们提供了一套系统可信的理论基础与实证手段，这些使得我们探寻人格特征在对个体层面上的劳动力市场表现的影响成为可能。依据文献综述的结论，本书的研究问题如下：第一，在控制其他因素的情况下，人格特征是否会显著提升个体的收入水平？在控制内生性后，人格特征的回报率是否稳健存在？第二，若人格特征的收入效应存在性别异质性，那它对性别收入差距的影响如何，即培养人格特征可以成为我们缩小性别收入差距的突破口吗？本书在回答这些问题的基础上，以期为国家倡导实施“制造强国”战略提供微观层面的实证支撑，并在此基础上探索孕育大国工匠的方法与政策。

第三节 数据、模型和变量

一、数据来源

本书选择使用《2015 年全国中等职业教育毕业生就业质量调查》数据，研究人格特征对青年中低技能群体的劳动力市场表现的影响。该数据来源于教育部组织进行的 2015 年全国中等职业教育毕业生就业质量调查，该调查按照 5%的比例对山东、四川两个地区的 2010~2013 年毕业的中职毕业生进行抽样，经过对无效样本的剔除筛选，共回收 1108 个样本。本书选择该数据还有如下原因：

首先，该调查首次引入能力的测量，较为全面地测量了中职毕业生的认知能力与人格特征，其中后者是我们测量人格特征的基础，而此类变量在其他调查数据中较难获得。其次，非认知能力不仅会影响收入，收入也会反过来重塑非认知能力，因此如何克服反向因果效应，是此类研究关注的核心（程虹和李唐，2017；乐君杰和胡博文，2017）。该数据包含了毕业生初次进入劳动力市场的工资，这为我们克服截面数据在估计因果效应时存在的缺陷，解决内生性问题找到了突破口。最后，该样本群体在教育程度与职业选择上具有较强的同质性，可以帮助本书克服教育作为混杂因素对“人格特征—收入效应”的干扰。

二、实证策略

（一）收入效应的模型构建

本书的因变量是月工资取对数，基于扩展的 Mincer 方程，工资决定模型如下：

$$\ln W_{it}=\beta_0+\beta_1 X_{it}+\beta_2 Personality_{it}+\beta_3 Cognitive_{it}+\varepsilon_{it} \tag{5-1}$$

其中，$\ln W_{it}$ 为月工资取对数，X_{it} 代表一系列控制变量，$Personality_{it}$ 代表人格特征，$Cognitive_{it}$ 表示认知能力。传统的多元回归模型不能避免内生性问题，本书中人格特征与工资也不可避免地存在反向因果，即：

$$Personality_{it}=\alpha_{0c}+b_{wc}W_{it}+b_{zc}Z_{it}+v_{it} \tag{5-2}$$

其中，Z_{it} 表示外生变量，W_{it} 为工资，由于个体劳动力市场表现会反过来影响人格特征的表现，从而导致方程（5-1）中的估计系数会偏高，此时人格特征和误差项之间的协方差大于0。通常避免内生性问题的方法是用进入劳动力市场之前的非认知能力对收入进行回归，然而本数据并不包含这一变量，因此本书参考 Groves（2005）采用的方法，利用毕业后第一份工作的薪酬来构造一个排除了初始工资以及其相关因素影响的外生的人格特征变量，从而在一定程度上克服内生性问题。

个体在劳动力市场的成功与失败会塑造人格特征，起初的高工资回报对人格特征产生正向激励，方程（5-3）把人格特征和毕业后第一份工作的薪酬进行回归，得到一个估计系数 $\hat{\varphi}_1$，然后采用方程（5-4）将当期的人格特征中初始工资的影响剥离出去，从而得到了一个外生于劳动力市场影响的人格特征得分 $Personality_{it}^{exgo}$，之后再将其代入方程（5-5）中进行回归。

$$Personality_{it}=\varphi_0+\varphi_1 W_{it-1}+\varphi_2 Z_{it}+v_{it} \tag{5-3}$$

$$Personality_{it}^{exgo}=Personality_{it}-\hat{\varphi}_1 W_{it-1} \tag{5-4}$$

$$\ln W_{it}=\beta_0+\beta_1 X_{it}+\beta_2 Personality_{it}^{exgo}+\beta_3 Cognitive_{it}+\varepsilon_{it} \tag{5-5}$$

（二）人格特征对性别工资差异的影响模型构建

首先假设男性与女性群体分别为 M 和 F。于是我们可以把收入 Y 线性表达为变量 X 和误差项 V 的函数：

$$Y_{gi}=\beta_{g0}+\sum_{k=1}^{K} X_{ik}\beta_{gk}+V_{gi},\ g=M,\ F \tag{5-6}$$

其中，$E(v_{gi} | X_i)=0$，X 是一组能决定收入的向量（$X_i=X_{i1}$，…，X_{ik}），其中包含人格特征。

$$\hat{\Delta}_0^{\mu}=(\hat{\beta}_{f0}-\hat{\beta}_{m0})+\sum_{k=1}^{k}\bar{X}_{fk}(\hat{\beta}_{fk}-\hat{\beta}_{mk})+\sum_{k=1}^{k}(\bar{X}_{fk}-\bar{X}_{mk})\hat{\beta}_{mk} \tag{5-7}$$

其中，β_{g0} 和 β_{gk}（g=m，f）分别为截距项和斜率系数。

我们通常把式（5-7）的第一项和第二项称之为结构效应 $\hat{\Delta}_s^{\mu}$，是由于不同性别的劳动者的各种要素 X 的回报率具有差异而形成的收入差异，第三项称为构成效应 $\hat{\Delta}_x^{\mu}$，是由于不同性别的劳动者所拥有的要素 X 本身水平不同，所造成的收入差异。在传统劳动经济学研究中结构效应被称为不可解释部分，是歧视的来源。而本书就借鉴这种收入差异分解的思想来研究人格特征对于性别工资差异的贡献，结构效应意味着人格特征在不同性别的个体中的回报率不同所造成的工资差异，而构成效应意味着不同性别的个体因为拥有的人格特征水平不同所引起的工资差异。

均值分解是最为传统的分解方法，其优点在于为一般分解提供了清晰简洁的路径，但工资均值也存在重要的缺陷。它描绘的仅是工资分布的集中趋势，却无法对劳动力市场中日趋离散的收入分布提供更为细致的分析。基于再中心化影响模型（RIF）的分布分解就可以弥补这种不足。条件分位回归（Koenker & Bassett，1978）考察的是协变量对条件分位的影响，而 Firpo 等（2007，2009）借用稳健估计影响函数的基本概念，提出了无条件分位数回归的一般方法。他们认为当分布统计量为分位数时，再中心化影响回归模型（RIF）能够直接估计协变量对被解释变量的影响，便于对工资分布变动的分解，按照方法提出者的名字命名，这种分解方法又叫 FFL 法。本书将利用这种方法，在均值分解的基础上，继续对不同性别劳动者收入的方差和基尼系数进行细节分解（Detailed Decomposition）①。

RIF 回归方法可表示为：

---

① 由于文章篇幅原因，本书没有详细展示 FFL 分解方法的推导过程，感兴趣的读者可向作者索要。

$$RIF(Y;v)=vF_Y+IF(Y;v) \tag{5-8}$$

其中，v 为刻画分布 F（y）的各种统计量，IF（Y；v）为特定统计量 Y 对应的复回中心影响函数。当分布统计量为分位数时，RIF 回归即为非条件分位数回归。位于 Q_t 分位数的 Y 变量的 RIF 回归方程可写为：

$$RIF(Y;v)=Q_t+\frac{\tau-\{Y\leqslant Q_t\}}{f_Y Q_t} \tag{5-9}$$

其中，f_Y 为 Y 的边际密度函数，Q_t 为 t 分位数点的非条件分布。RIF（Y；v）可以线性地表示为其他被解释变量的函数。基于上述原理，在分析新人力资本对不同性别样本分位数工资的影响作用时，构建非条件分位数回归方程如下：

$$RIF(\ln W_{it};Q_r)=X_i\beta_i+\varepsilon \tag{5-10}$$

其中，Q_r 为工资分位数，X_i 为人格特征、认知能力及其他控制变量。而后，运用 RIF 分解法，通过构建反事实工资函数，分析这些变量对性别工资差距的影响。性别工资差距可分解成两部分，即：

$$Q_r\ln W_m-Q_r\ln W_f=(Q_r\ln W_m-Q_r\ln W_c)+(Q_r\ln W_c-Q_r\ln W_f) \tag{5-11}$$

其中，$\ln W_m$ 和 $\ln W_f$ 分别表示男性和女性的小时工资对数，$\ln W_c$ 为反事实工资函数，本书利用女性特征变量与男性工资结构来构建反事实工资收入分布，即当女性劳动力要素特征回报率和男性相同时的工资分布函数。将式（5-10）代入式（5-11）中可得式（5-12）：

$$Q_r\ln W_m-Q_r\ln W_f=(X_m-X_f\beta_m+\varepsilon_{mc})+(\beta_m-\beta_f X_f+\varepsilon_c f) \tag{5-12}$$

其中，X_m 和 X_f 分别表示男性和女性的要素特征变量，β_m 和 β_f 分别表示男性和女性要素特征收益率，ε_{mc} 和 ε_{cf} 为近似误差项。等式右边第一项为特征效应部分，表示由于男女要素特征差异造成的工资差距，即不同的人格特征而引起的工资差距；第二项为参数效应，衡量了男女在要素特征相同时，由于收益率不同造成的工资差距，即人格特征的回报率差异对性别工资差距的贡献。

三、变量选取

本书的因变量是中职毕业生月工资收入的对数，核心自变量是认知能力与人格特征，该调查中的认知能力测试题目 4 道来自韦氏智力量表，2 道来自卡特尔 16PF 聪慧性试题，4 道来自瑞文标准推理测验，量表的信度系数为 0.80。人格特征方面，该调查选用了度量个性特质的大五人格量表，它将人的个性特质分为开放性、尽责性、外倾性、宜人性和神经质。大五人格的测量有多种简版量表，从理论上讲，长度短的量表准确性一般比长度长的低，但如果考虑简短量表带来的效益，其仍然具有很大的必要性和价值（Gosling，2003），况且有研究证明了在实际的应用中长度长的工具并不总是比它的简版要好（Langford，2003）。该调查参考多种简版量表，每个维度选取 4 个问题，用以个体非认知能力的测量。大五人格量表的信度系数一般在 0.75～0.90，该次调查中五个维度的信度系数分别为 0.74、0.76、0.78、0.75 和 0.73。量表信度系数会随着某个维度问题数量的增加而增加，若该调查不进行问题缩减，换算出的信度系数为 0.78～0.86，平均值为 0.82，满足了高于 0.75 的信度标准。因此，该调查对认知能力与人格特征的度量是较为可信的。

此外，为了获得人格特征对收入的净效应，本书也将一些传统的人力资本变量纳入模型作为控制变量。包括健康状况、工作经验、婚姻状况、性别、家庭经济地位、员工类别和地区等。所有变量的描述性统计如表 5-1 所示。

表 5-1　变量的定义

变量名	变量定义
月工资对数	每月的工资收入取对数
第一份工作的工资收入	被调查者毕业后第一份工作第一个月拿到的工资数
开放性	开放性维度题目的平均得分

续表

变量名	变量定义
尽责性	尽责性维度题目的平均得分
外倾性	外倾性维度题目的平均得分
宜人性	宜人性维度题目的平均得分
神经质	神经质维度题目的平均得分
认知能力	认知能力题目的平均得分
健康状况（%）	1=健康状况一般及以上，0=健康状况不好
工作经验	被调查者自己报告的从毕业到现在的工作时间（换算为年）
性别（%）	1=男性，0=女性
家庭经济地位（%）	1=高于或等于当地平均，0=低于当地平均
户籍状况（%）	1=农村户口，0=非农户口
员工类别（%）	1=普通，0=非普通（技术、行政、管理为主）
地区（%）	1=山东，0=四川
行业（%）	1=服务业，0=制造业
加班意愿（%）	1=是，0=否
晋升次数	在当前企业获得晋升的次数

四、描述性统计

表 5-2 是主要变量的描述性统计分析，人格特征包括大五人格，分性别来看，在开放性上，男性的表现优于女性，而在尽责性，外倾性和宜人性维度上女性的表现更好。在传统人力资本存量方面，女性比男性更有优势，其中女性的认知能力得分更高，工作经验比男性更丰富，并且健康状况更好。在家庭背景方面，女性的家庭经济环境优于男性。

表 5-2　主要变量的描述性统计

变量名	总体	男性	女性
月工资对数	7.73 (0.37)	7.80 (0.40)	7.68 (0.35)

续表

变量名	总体	男性	女性
第一份工作的工资收入	1760. 31 (713. 80)	1905. 38 (754. 17)	1667. 60 (671. 64)
开放性	3. 60 (0. 77)	3. 61 (0. 76)	3. 60 (0. 77)
尽责性	3. 68 (0. 80)	3. 67 (0. 79)	3. 68 (0. 81)
外倾性	3. 69 (0. 80)	3. 63 (0. 76)	3. 73 (0. 82)
宜人性	4. 05 (0. 83)	3. 98 (0. 80)	4. 09 (0. 85)
神经质	2. 96 (0. 97)	3. 00 (0. 96)	2. 94 (0. 98)
认知能力	0. 65 (0. 24)	0. 64 (0. 25)	0. 65 (0. 22)
健康状况（%）	85. 02	83. 8	85. 8
工作经验	1. 32 (0. 72)	1. 29 (0. 67)	1. 34 (0. 75)
性别（%）	38. 99	—	—
家庭经济地位（%）	74. 37	68. 52	78. 11
员工类别（%）	54. 51	48. 15	58. 58
地区（%）	81. 05	70. 83	87. 57
户籍状况（%）	83. 94	77. 31	88. 17
服务业（%）	74. 91	57. 41	86. 09
加班意愿（%）	24. 91	24. 07	25. 44
晋升次数	0. 84 (1. 03)	0. 83 (1. 19)	0. 85 (0. 92)

注：连续变量给出的是均值和标准差，分类变量给出的是百分比。

第四节　实证分析

本书的实证研究策略分为两大部分共四个步骤，第一部分围绕人格特征和认知能力对青年中低技能群体工资收入的影响展开。第一，首先根据方程（5-1）的模型结构，使用多元回归方法，估计人格特征和认知能力对低技能群体收入的效应；其次对这种效应进行稳健性检验，主要关注克服了人格特征的内生性后，收入效应是否仍显著存在。第二部分围绕人格特征对性别收入差距的影响展开。考察人格特征对收入的影响是否具有显著的性别异质性，若人格特征的回报存在显著的性别异质性，则继续探索其对性别工资差异的影响。

一、人格特征和认知能力对工资收入的影响

（一）实证结果

表 5-3 报告了人格特征对青年中低技能群体工资的影响，为了便于比较人格特征与其他传统人力资本变量回报率的差异，表中除普通回归系数外，还同时汇报了标准化回归系数。模型（1）是准模型，探讨除人格特征之外，其他变量尤其是传统人力资本变量（工作经验、健康状况和认知能力）对青年中低技能群体工资的影响，结果表明，传统人力资本因素中的工作经验、健康状况与认知能力均对劳动者工资具有显著的正向影响。模型（2）中加入了人格特征的各个维度，调整后 R^2 增加，结果显示尽责性得分每增加一个标准差工资增长 12.6%，略低于经验状况的回报率，而认知能力的回报率为 5.2%。为了进一步探寻人格特征中的开放性维度的收入效应，本书在表 5-3 的模型（3）中加入了开放性与员工类别的交互项，虽然在整体样本中，开放性对个体工资的直接效应并不显著，但却对从事技术和管理类的非普通员工具有显著的收入效应。开放性每提高一个

标准差，与一线普通员工相比，非普通员工的收入要高出 38%。该结论得到了一些国外实证研究结果的支持，Kureková 等（2015）发现基于岗位技能匹配的需求，不同的岗位对个体的非认知能力的要求不同，John 和 Thomsen（2014）的研究认为即使同种能力在不同岗位上的回报也有所差异。可见，开放性维度在管理、技术等非普通岗位更能创造价值，而一线普通岗位因为多是重复性的简单工作，创新精神的回报并不显著。而尽责性每提高一个标准差，青年中低技能群体的工资增长 12.7%，显著高于认知能力与健康状况的回报率。故在中低端劳动力市场上，员工的责任心比智商具有更高的回报。Bowles 等（2001）提出的"激励增强型偏好"表明，当生产技能不变，工作时间给定的情况下，劳动者的产出会依据努力程度的不同发生较大改变，在事先无法控制这一变量的情况下，雇主会偏好雇佣具有一些非认知能力高的个体并推断他们会付出更高的努力程度，从而为这些非认知能力支付额外的工资报酬。中低技能劳动者的认知能力水平相当，雇主则依靠识别雇员的非认知能力水平来支付额外的工资报酬。

表 5-3 人格特征和认知能力对青年中低技能群体工资的影响

解释变量	（1） β β′	（2） β β′	（3） β β′
工作经验	0.0968*** （0.015） 0.187	0.0970*** （0.015） 0.187	0.181*** （0.015） 0.181
健康状况	0.130*** （0.032） 0.125	0.124*** （0.033） 0.118	0.118*** （0.033） 0.118
户籍状况	0.136*** （0.026） 0.134	0.132*** （0.028） 0.130	0.131*** （0.028） 0.131
性别	0.101*** （0.024） 0.131	0.0957*** （0.024） 0.125	0.126*** （0.024） 0.126

续表

解释变量	(1) β β′	(2) β β′	(3) β β′
员工类别	−0.134*** (0.022) −0.179	−0.128*** (0.022) −0.171	0.196 (0.102) 0.196
家庭经济地位	−0.106*** (0.024) −0.124	−0.104*** (0.024) −0.121	−0.128*** (0.024) −0.128
认知能力	0.0793* (0.044) 0.050	0.0833* (0.043) 0.052	0.050* (0.044) 0.050
开放性		0.000251 (0.016) 0.001	0.081* (0.023) 0.081
开放性×员工类别			−0.379*** (0.028) −0.379
尽责性		0.0584*** (0.017) 0.126	0.127*** (0.016) 0.127
外倾性		−0.0145 (0.018) −0.031	−0.032 (0.018) −0.032
宜人性		−0.0146 (0.016) −0.033	−0.026 (0.016) −0.026
神经质		0.00928 (0.011) 0.024	0.029 (0.011) 0.029
行业	−0.00468*** (0.002) −0.084	−0.00446*** (0.002) −0.080	−0.078*** (0.002) −0.080
地区	−0.0972*** (0.029) −0.102	−0.110*** (0.029) −0.116	−0.116*** (0.029) −0.116
样本量	1108	1108	1108
Adj R^2	0.189	0.198	0.204

注：表中的β为回归系数，β′为标准化回归系数（$\beta'=\beta\times(\sigma_x/\sigma_y)$，表示自变量一个标准差引起工资变化的百分比，括号中的数表示稳健标准误，*、*** 分别表示在10%、1%的水平上显著。

（二）稳健性检验

人格特征不仅会影响个体收入水平，与收入相关的教育、工作经验和健康状况等因素也会反过来影响人格特征的形成，从而存在反向因果效应，使得人格特征的回报率被高估。按照方程（5-3）、方程（5-4）利用个体第一份工作的薪酬，本书构建了一个人格特征的外生变量，再代入方程（5-5）中，检验克服内生性后人格特征对个体工资的效应是否具有稳健性。表 5-4 中的模型（4）显示，克服反向因果效应后，尽责性的回报率由 12.7%下降为 10.5%，而认知能力的回报率由 5%下降至 4.8%。总体来说，纠正内生性后，尽责性和认知能力的回报表现出了较强的稳健性。

表 5-4　人格特征和认知能力对低技能群体工资收入的影响（纠正内生性后）

解释变量	（4） β β′	（5） β β′
工作经验	0.0960*** （0.015） 0.185	0.0928*** （0.015） 0.179
健康状况	0.128*** （0.033） 0.122	0.128*** （0.033） 0.122
户籍状况	0.132*** （0.028） 0.130	0.134*** （0.028） 0.132
性别	0.0972*** （0.024） 0.127	0.0979*** （0.024） 0.128
员工类别	−0.130*** （0.022） −0.174	0.147（0.100） 0.197
家庭经济地位	−0.107*** （0.024） −0.125	−0.113*** （0.024） −0.132
认知能力	0.0804* （0.043） 0.051	0.0764* （0.044） 0.048

续表

解释变量	(4) β β′	(5) β β′
开放性	−0.00961 (0.016) −0.020	0.0310 (0.023) 0.063
开放性×员工类别		−0.0787*** (0.029) −0.383
尽责性	0.0479*** (0.017) 0.103	0.0488*** (0.017) 0.105
外倾性	−0.0141 (0.018) −0.030	−0.0145 (0.018) −0.031
宜人性	−0.00128 (0.016) −0.003	0.00161 (0.016) 0.004
神经质	0.0178 (0.011) −0.003	0.0198* (0.011) 0.004
行业	−0.00456*** (0.002) −0.082	−0.00441*** (0.002) −0.079
地区	−0.107*** (0.029) −0.113	−0.108*** (0.029) −0.114
样本量	1108	1108
Adj R^2	0.196	0.202

注：同表 5-3。

二、人格特征对性别收入差距的影响

（一）人格特征的性别异质性

本部分首先探讨人格特征对青年中低技能群体劳动力市场表现（工资和就业稳定性）的影响是否存在性别异质性。表 5-5 的模型（6）、模型（7）呈现了人格特征对男女性工资的影响。总体来看人格特征的收入效应主要体现在女性群体中，对男性工资没有显著影响。其中，在控制其他变量的条件下，外倾性维度对女性的工资收入具有显著的负向影响，而女性的尽责性每提高一个标准差，会引起月工资 16.9%的提升，高于完整模型中的 10.5%。开放性维度虽然在全样本中没有显著回报，但对女性而言，回报率高达 21.1%，且在非普通女性员工中的收入效应显著高于普通一线员工，技术和管理岗位的员工开放性得分每提高一个标准差，收入提升 91.4%。再次肯定了在技术管理类岗位上，具有创新倾向的员工的价值。女性在开放性和尽责性上的回报率优势可能与其所在的职场环境和雇主的偏好相关，该数据中男性劳动者有 51.85%集中在专业技术岗位，该领域可能更看重雇员的掌握和运用技术的能力，这种能力主要反映的是智商水平。女性劳动者有 86.09%集中在与服务相关的职业，在这种岗位上雇主可能更看重性格、情绪等非认知能力特征，使得这些人格特征对于女性来说回报更高①。此外，Cobb-Clark 和 Tan（2011）发现比起拥有同等认知能力与非认知能力的男性，女性对从事职业的选择性更强，更倾向于选择进入某类职业，而避开一些不利的职业。

表 5-5 人格特征对工资收入影响的性别差异（纠正内生性后）

解释变量	男性（6） β β′	女性（7） β β′
认知能力	0.0661（0.069） 0.042	0.0846（0.054） 0.054
开放性	−0.0515（0.033） −0.097	0.0952***（0.032） 0.211
开放性×员工类别	0.0762（0.049） 0.345	−0.175***（0.036） −0.914

① 本书实证分析了人格特征在服务业中对不同性别个体的回报率，克服内生性后，女性尽责性的回报率为 22.3%，男性尽责性的收入效应并不显著。

续表

解释变量	男性（6） β β′	女性（7） β β′
尽责性	0.0134（0.027） 0.027	0.0730***（0.020） 0.169
外倾性	0.0205（0.030） 0.039	−0.0392*（0.022） −0.093
宜人性	−0.00916（0.032） −0.018	0.00157（0.018） 0.004
神经质	0.0197（0.021） 0.047	0.0103（0.012） 0.029
Adj R^2	0.173	0.249

注：同表 5-3。

尽责性和开放性在女性群体中的高回报率使其可以成为缩小性别收入差距的有效突破口，本书将在下一小节进一步探讨这个问题。

（二）人格特征对缩小性别收入差异的促进作用

为进一步探索人格特征对缩小青年中低收入群体中性别收入差距的作用，本部分利用分布分解方法，详细估计了尽责性和开放性对性别收入差距的影响和贡献。首先，本书用核密度分布图直观反映不同性别的收入分布情况。如图 5-1 所示，男性的收入优势十分显著，在右侧高收入群体中，男性更占优势，左侧低收入群体中女性比重更大。由于不同分位数上的收入之间差异也很大，故本书通 RIF 回归的分布分解并对 10 分位数、50 分位数和 90 分位数上的工资收入进行 RIF 回归分析来详细探讨男女性别之间的收入差异以及人格特征在这种差异中扮演的角色。

如表 5-6 所示，除了传统的均值分解，本书利用再中心化影响函数（RIF）构造了一些能够反映不同性别内部收入分布情况的统计量（基尼系

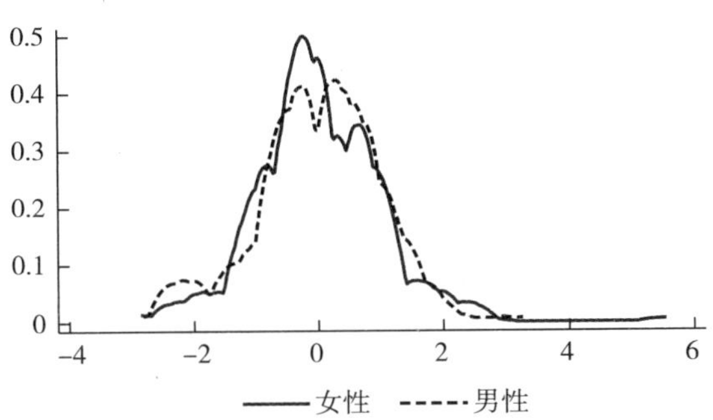

图 5-1 男女性别工资分布差异

数、方差）来刻画性别内部的收入不平等情况。如表内模型（8）所示，平均来看男性的收入要显著高于女性，随后的分解结果揭示了这种差距的来源。其中，构成效应是指不同性别的群体的要素分布不同所产生的收入差异，结构效应是指由于要素间回报率差异所贡献的收入差异。本书的分析结果发现，平均来看，构成效应与结构效应都扩大了性别收入差异，其中职业类别的差异以及不同户口身份带来的回报率的差异贡献了绝大部分。由于本书的对象是青年中低技能群体，所以样本在教育、认知能力与非认知能力上的分布非常接近，因此在构成效应中这些要素的系数都不显著。但值得指出的是，结构效应中开放性的系数显著为正（与总效应的符号相反），开放性对性别收入差距的贡献率为 51.8%，说明女性在开放性能力要素上比具有同等得分的男性获得了更高的工资回报。女性在开放性上的这种独特的回报优势在表 5-6 的模型（9）、模型（10）中再次得到了验证。当我们对男女性别收入的方差与基尼系数进行分解时发现，男性群体中收入离散程度更高，其不平等程度也显著高于女性内部。结构效应中开放性的系数均比较显著，且与总的结构效应系数相反，这意味着人格特征基于对不同性别个体回报率的差异，足以成为缓解男女收入不平等的有效手段。

表 5-6　性别收入差距分解结果

变量名	均值 （8）	基尼系数 （9）	方差 （10）
Raw Gap $\ln(w_f)-\ln(w_m)$	-0. 126	-0. 004	-0. 037
构成效应	-0. 018	0. 002	0. 017
结构效应	-0. 108	-0. 005	-0. 054
构成效应			
开放性	0. 00005 （0. 002）	-0. 00001 （0. 00005）	-0. 00001
尽责性	0. 00025 （0. 001）	-0. 00005 （0. 0002）	-0. 0007 （0. 002）
外倾性	0. 0023 （0. 0039）	-0. 00001 （0. 00023）	-0. 0005 （0. 0025）
宜人性	-0. 0010 （0. 0032）	0. 00004 （0. 0002）	0. 0007 （0. 002）
神经质	-0. 0016 （0. 002）	0. 00004 （0. 0001）	0. 0008 （0. 0012）
认知能力	0. 001 （0. 001）	-0. 0001 （0. 0001）	-0. 0008 （0. 0012）
户籍状况	0. 021 *** （0. 007）	-0. 0001 （0. 0003）	-0. 0001 （0. 003）
员工类别	-0. 042 * （0. 023）	-0. 0003 （0. 001）	-0. 011 0. 013
结构效应			
开放性	0. 518 *** （0. 167）	0. 019 ** （0. 010）	0. 299 ** （0. 121）
尽责性	0. 214 （0. 141）	0. 0087 （0. 009）	0. 119 （0. 102）
外倾性	-0. 222 （0. 147）	0. 009 （0. 009）	0. 082 （0. 106）

续表

变量名	均值 (8)	基尼系数 (9)	方差 (10)
宜人性	0.045 (0.144)	0.0018 (0.0092)	0.015 (0.103)
神经质	-0.028 (0.071)	0.0027 (0.0046)	0.036 (0.051)
认知能力	0.013 (0.060)	0.008** (0.0039)	0.091** (0.044)
户籍状况	-0.100* (0.053)	0.005 (0.004)	0.053 (0.040)
员工类别	0.522*** (0.126)	0.018** (0.008)	0.265*** (0.090)

注：*、**、*** 分别表示在 10%、5%、1%的水平上显著。

表 5-7 基于 10 分位数、50 分位数和 90 分位数的 RIF 回归结果表明，开放性维度和尽责性维度对女性群体在 50 分位数和 90 分位数的工资收入有显著的正向影响。外倾性对 50 分位数上女性群体的收入有显著的负向影响，而对 90 分位数上男性群体的收入有显著的正向影响。

表 5-7 性别收入差距的 RIF 分位数回归结果

变量	10 分位数		50 分位数		90 分位数	
	男性	女性	男性	女性	男性	女性
认知能力	-0.072 (0.545)	-0.0498 (0.105)	0.027* (0.011)	0.0042** (0.0016)	-0.112 (0.172)	0.0967 (0.063)
开放性	0.201 (0.281)	0.003 (0.053)	-0.0038 (0.0059)	0.0024*** (0.0008)	-0.095 (0.089)	0.0803** (0.0335)
开放性×员工类别	-0.0042 (0.365)	0.0013 (0.061)	0.013* (0.0076)	-0.004*** (0.00095)	0.0762 (0.115)	0.206*** (0.0385)

续表

变量	10 分位数		50 分位数		90 分位数	
	男性	女性	男性	女性	男性	女性
尽责性	-0.286	-0.031	0.0073	0.0019***	-0.075	0.0912***
	(0.237)	(0.043)	(0.0049)	(0.0007)	(0.075)	(0.027)
外倾性	-0.171	0.075*	-0.0039	-0.0016**	0.180**	-0.003
	(0.247)	(0.041)	(0.0051)	(0.0006)	(0.078)	(0.026)
宜人性	0.163	0.0004	0.0028	0.00004	-0.056	0.0087
	(0.217)	(0.035)	(0.0045)	(0.0005)	(0.067)	(0.022)
神经质	-0.256*	-0.011	0.0009	0.0004	0.0371	0.0172
	(0.144)	0.024	(0.003)	(0.0004)	(0.045)	(0.015)
Adj R^2	0.11	0.08	0.17	0.18	0.08	0.21

注：*、**、***分别表示在10%、5%、1%的水平上显著，表中系数为回归系数，括号内的数为标准差。

第五节　本章结论与政策启示

一、结论

本书基于新人力资本理论视角，利用《2015年全国中等职业教育毕业生就业质量调查》数据考察了认知能力与非认知能力对青年中低技能群体工资收入和性别收入差异的影响。经验研究发现，开放性和尽责性是提升低技能群体工资收入的重要手段，而开放性还是缩小性别收入差距的有效突破口。具体结论如下：

第一，总体来看，人格特征对青年中低技能群体的工资具有显著的正效应，其中工资回报率最显著的维度是尽责性，高于认知能力、健康状况等传统人力资本变量的回报率，而开放性维度对技术与管理岗位的员工更具价值。在控制了人格特征的内生性问题后，尽责性的收入效应依然十分稳健。第二，人格特征对个体工资收入具有差异化的性别异质性偏好，对于女性来说，她们能够从尽责性和开放性两种能力中获益更多。第三，开放性维度能有效缩小男女性别收入差距，这种效应的作用机制主要是通过结构效应，即女性在开放性上拥有更高和更显著的回报率。

二、政策启示

本书发现人格特征的收入效应具有很强的性别异质性，女性拥有更高的回报率，人格特征有望成为缩小性别收入差距的有效突破口。在围绕职业能力的培养方案的设计中，我国应该针对女性的能力回报特点来开发非认知能力提升课程，把责任心、创造性思维的能力等纳入课程与考核体系中去。此外，以扶持弱势群体为目标的公共政策通常陷入难以平衡“公平与效率”的窘境中。传统的培训课程大多以认知能力作为就业能力建设的核心，但培训效果和效率并未让人满意。而本书的实证结果支持在弱势群体中推进非认知能力尤其是开放性和尽责性的建设，这是一个兼顾“公平与效率”的实践方案。着力开发女性低技能群体中的专注敬业精神和创新思维不仅能推动劳动力市场的公平发展，还能大幅提升公共培训工作的实施效果和效率水平。

第六章　新人力资本对劳动者创业影响及性别差异研究

第一节　引言

李克强总理在 2015 年政府工作报告中提出，推动大众创业、万众创新，培育和催生经济社会发展新动力。2015 年 6 月，国务院颁布了《关于大力推进大众创业　万众创新若干政策措施的意见》，明确指出，推进大众创业、万众创新，是培育和催生经济社会发展新动力的必然选择，是扩大就业、实现富民之道的根本举措，是激发全社会创新潜能和创业活力的有效途径，2019 年政府工作报告中强调要进一步把大众创业、万众创新引向深入。创新是创业的基础和灵魂，而创业在本质上是一种创新活动，影响创新创业的因素有很多，包括国民素质、基础研究水平、科研基础设施条件、体制政策环境等方面，但核心是人的因素（王昌林，2015）。企业家个人能力是影响创业的重要因素之一，新人力资本理论表明个人能力包括认知能力和非认知能力，而现有研究中均用受教育年限或认知能力来衡量个人能力，忽视了非认知能力的作用，因此，本书主要探讨非认知能力对企业家创业选择的影响以及这种影响是否存在性别异质性。

第二节 文献综述

国内关于创业选择的影响因素研究主要有两个方面。第一，宏观因素主要包括宏观制度和社会环境，如陈刚（2015）的研究表明政府管制会显著降低个人的创业概率，倪鹏途和陆铭（2016）发现城市层面市场结构会对创业产生影响，国企占比高会抑制创业活动。第二，微观因素包括家庭因素和个人特征，张龙耀和张海宁（2013）的研究发现家庭的财富水平与创业概率呈显著正相关关系，金融约束是影响创业的重要因素，社会网络为创业提供必需的信息、融资和客户等帮助，对创业具有显著的促进作用。从个体的认知能力来看，周洋、刘雪瑾（2017）用字词识记能力和数学能力两个维度来衡量认知能力，发现纠正内生性问题之后字词识记能力和数学能力的提高促进了创业意愿并增加了创业收入，李涛等（2017）的研究发现认知能力对创业选择的影响与行业管制水平密切相关，在管制水平较低的行业中，中国的“聪明人”更愿意创业，而在管制水平较高的行业中正好相反。从企业家能力来看，尹志超等（2015）发现金融知识水平的提高可显著推动家庭参与创业活动，并显著促进家庭主动创业。

国外研究者 Evans 等（1989）的研究发现，与选择他雇的个体劳动者相比较，神经质和宜人性维度较差的劳动者个体会更加倾向于选择创业，因为如果一个人的情绪过于稳定和太过理性，则会考虑更多的风险，而这种风险意识会减小个体劳动者选择创业的概率。另外，自主创业需要更强的判断能力，需要个体自身有自己的思考能力，如果宜人性过高，可能会更倾向于顺从他人意愿，考虑其他人的感受和意见，进而降低创业的概率。Zhao 和 Seibert（2006）发现尽责性和严谨性维度高的个体有较高的成就动机，可以显著增加创业的概率，因为成就动机会在创业之前和创业过程中鼓励劳动者付出。Caliendo 等（2014）通过分析德国劳动者数据发现以“大五人格”衡量的非认知能力中对个人选择创业的影响最为明显的是开放性和外倾性，创业比为他人工作更需要的是有创意的想法以及善于沟通和利用社会资源的能力，故上述两个维度对创业的影响较大，而宜人性和神经质对创业选择的影响相对较弱。国外研究发现创业选择确实存在性别异质性。Verheul 等（2012）发现个体创业选择的性别异质性主要显现于创业还未真正开始前的决策阶段，随着决策的实施，这种性别差异会慢慢减小。Mueller 等（2013）认为，创业选择的性别异质性是由于创业者的动机和期望值不同导致的，性别不同创业动机和期望值也会不同。

综上所述，在国内研究中，从新人力资本理论的角度来探讨非认知能力与创业选择两个关系的研究较少，而非认知能力对创业选择的性别异质性分析几乎没有，因此本书运用家庭追踪调查数据来探讨非认知能力对创业选择的影响，并进一步分析非认知能力对创业选择的性别异质性。

第三节　数据、测度指标及变量选取与模型设计

一、数据处理

本书使用 2014 年中国家庭跟踪调查（CFPS）数据来分析非认知能力对创业选择的影响以及这种影响的异质性。中国家庭追踪调查（CFPS）是一个跟踪和收集个人、家庭和社区的三级数据调查，问卷反映了中国社会、经济和人口等各个方面的数据及变化，个体的各方面问题设计较为全面，本书中所需的变量信息在该问卷中均能找到。此外，样本覆盖了全国 25 个省、市、自治区（包括香港特别行政区、澳门特别行政区、中国台湾、新疆维吾尔自治区，不包括的有西藏自治区、内蒙古自治区、宁夏回族自治区、青海省和海南省），具有全国代表性，并使用科学的抽样方法，得到了学术界的认可。本书对数据进行了如下处理。选择在创业年龄范围

的个体，剔除年龄小于 16 岁、大于 65 岁的个体样本，剔除调查期间仍在上学和没有从事过工作的样本，同时剔除工作性质为农业、林业、畜牧业、渔业和其他与劳动力市场关系不密切的个体，删除没有工作原因为"残废"和"疾病"等的样本。保留主要工作类型为受雇和企业制创业和个体工商户创业的样本个体。本书使用的有效样本总数为 8195 个。

二、变量处理

本书研究的因变量为是否创业，是虚拟变量，数据结果为 1 表示个体的工作类型为创业，包括公司制创业和个体工商户创业；若为 0 则表示个体的工作类型为非农受雇。

本书研究的核心自变量为非认知能力，国内外学者大多用"大五人格"来衡量非认知能力，"大五人格"能够综合、全面地衡量非认知能力。"大五人格"包含的五个维度分别为开放性、尽责性、外倾性、宜人性和神经质。值得说明的是在中国家庭追踪调查问卷（CFPS）中，由于缺少开放性维度和外倾性维度对应的信息，所以本书主要针对尽责性、宜人性和神经质这三个非认知能力维度进行分析（乐君杰和胡博文，2017）。每个维度分别对应成人问卷中两个或以上问题。尽责性由问题"一周内做事很难集中精力的频率"和"我觉得我不比别人差"所得；宜人性维度由问题"您对陌生人的信任程度如何？"和"您认为自己在与人相处方面能打几分？"构成。神经质由问题"在过去的一个月里，你做什么事情都不能振奋的频率？"和"最近 1 个月，您认为生活没有意义的频率？"构成。在分析过程中，由于每道问题的答案不同，因此本书进行统一标准赋予分值 1~10 分，越接近 10 分表示个体非认知能力中各个维度的得分越高，相反，越接近 0 分，非认知能力中的各个维度得分越低。其他自变量包括年龄、婚姻状态、学历和家庭成员的创业选择。婚姻状态在调查结果中包括以下几个选择：已婚、未婚、离婚、丧偶和同居选项，根据我国国民对婚姻的选择，本书认为不能简单通过"结婚证"去判断一个人的感情生活，在实际劳动者创业选择过程中，家庭或伴侣会显著地影响个体创业选择。因此，本书将个体的婚姻状态分为两类，一类是有配偶（无论是否结婚），包括选择同居和已婚的个体；另一类是无配偶，包括选择离婚和丧偶的个体。学历根据个体目前最高受教育程度来衡量。家庭成员的创业选择是指家庭成员的工作类型为创业，包括企业制创业和个体工商户创业及其他自雇形式，家庭成员的创业选择可看作社会资本，若家庭成员中有已经创业且创业成功者，则可为其他家庭成员提供社交网络和经验等资源，更容易激起其他家庭成员的创业意愿。具体的变量定义如表 6-1 所示。

表 6-1　变量的定义

变量名称	变量定义
尽责性	尽责性维度问题的平均得分
宜人性	宜人性维度问题的平均得分
神经质	神经质维度问题的平均得分
年龄（岁）	个体样本的年龄
婚姻状态	无配偶：包括已婚、同居、再婚，赋值为 1 有配偶：包括离婚、丧偶、未婚，赋值为 0
受雇	为老板打工的工作类型，赋值为 0
创业	企业制创业和个体工商户创业及其他自雇的工作类型，赋值为 1
学历	受教育程度用离校阶段衡量。“没上过学”“半文盲”“小学”“初中”“高中、中专、技校”“大专”“大学本科”“硕士”“博士”，分别赋值 0~8
家庭成员的创业选择	家庭成员的工作类型为企业制创业和个体工商户创业及其他自雇形式赋值为 1，受雇形式赋值为 0

三、模型构建

本书中，因变量是否创业为虚拟变量，故运用 Probit 模型进行分析，具体模型如下：

$$\lim_{\beta X_i \to +} \text{Prob}\ (Y=1) = 1 \tag{6-1}$$

$$\lim_{\beta X_i \to -} \text{Prob}\ (Y=1) = 0 \tag{6-2}$$

由于该模型使用的连续概率分布函数为正态分布函数，所以有：

$$\text{Prob}(M=1) = \int_{-}^{\beta X_i} \phi(z)\,dz = \phi(\beta_1 \text{noncognitive}_i + \beta_2 X_i) \tag{6-3}$$

其中，β_1 和 β_2 为待估系数。Y=1 表示工作类型为创业，Y=0 表示劳动者为非农受雇，noncognitive_i 表示个体的非认知能力，X_i 是其他自变量，主要包括样本的人口统计特征和家庭成员的创业选择等。

第四节 实证分析结果

一、描述性分析

从表 6-2 的描述性统计分析结果来看，本书研究中男性样本 4716 人，女性样本 3479 人，其中男性占总数的 57.55%，女性占总数的 42.45%。男性的尽责性、宜人性和神经质三个维度的得分均略高于女性样本。样本中有配偶的人群占 87.80%，无配偶人群占 12.2%。非农受雇占 75.94%，创业人数占 24.06%，其中男性样本中创业样本占 24.41%，女性样本占 23.60%。

表 6-2 变量描述

变量名称	总体样本	男性样本	女性样本
尽责性	7.108 (1.593)	7.157 (1.587)	7.0433 (1.599)
宜人性	4.690 (1.348)	4.749 (1.361)	4.610 (1.325)

续表

变量名称	总体样本	男性样本	女性样本
神经质	8.487 (1.749)	8.598 (1.693)	8.336 (1.813)
年龄（岁）	40.005 (10.474)	40.856 (10.725)	38.852 (10.010)
有配偶（%）	87.800	88.060	87.440
学历	3.431 (1.236)	3.425 (1.174)	3.451 (1.331)
家庭成员的创业选择：创业（%）	18.360	17.390	19.690
个体创业（%）	24.060	24.410	23.600
样本总量（个）	8195	4716	3479

注：连续变量给出的是均值和标准差（括号中），分类变量给出的是百分比。

二、实证分析

1. 非认知能力对创业选择的影响

该部分主要探讨非认知能力对创业选择的影响，结果见表6-3，表中模型（1）为基准模型，由该模型的结果可知婚姻状态，受教育程度和家庭成员的创业选择均会对个体的创业选择产生显著影响，该结果与Djankov和Miguel（2005）研究的结果一致。由模型（2）结果可知，尽责性对个体的创业选择有显著的正向影响，尽责性每增加一个标准差，选择创业的概率增大1.1%，而宜人性和神经质对创业选择没有显著影响。

表6-3　非认知能力对创业选择的影响

解释变量	(1)	(2)
年龄	0.028 (0.005)	0.001 (0.005)

续表

解释变量	(1)	(2)
婚姻状态	0.028*** (0.005)	0.288*** (0.005)
学历	-0.081*** (0.007)	-0.079*** (0.007)
家庭成员的创业选择	0.191*** (0.004)	0.191*** (0.004)
尽责性		0.011** (0.004)
宜人性		0.001 (0.001)
神经质		-0.003 (0.004)
样本数量	8195	8195
Adj R^2	0.250	0.250

注：括号内为P值，***、**分别表示系数在1%、5%水平上的统计显著。回归之前对样本进行标准化处理，即将每个数据减去均值后除以标准差。

2. 非认知能力对个体创业选择的性别异质性

表6-4为非认知能力对个体创业选择的性别异质性分析结果。由男性样本的回归结果可知，尽责性和宜人性对男性的创业选择有显著的正向影响，尽责性每增加一个标准差，选择创业的概率增大1.5%，高于总样本回归结果中的1.1%，宜人性每增加一个标准差，选择创业的概率增大1.1%，而神经质对男性的就业选择有显著的负面影响，即男性的神经质每增加一个标准差，其选择创业的概率会降低0.1%。对于女性而言，尽责性和神经质对创业选择没有显著影响，而宜人性对女性的就业选择有显著的负向影响，宜人性每提高一个标准差，女性选择创业的概率降低1.9%，该结果与Caliendo（2014）研究结果类似，该研究表明宜人性得分较低的人维持企业生存的可能性更大，因为宜人性较低的企业主往往讨价还价的能力较强。

表 6-4　非认知能力对劳动就业选择的性别差异

解释变量	总体样本	男性样本	女性样本
年龄	0.001 (0.005)	-0.014 ** (0.007)	0.023 ** (0.008)
婚姻状态	0.029 *** (0.006)	0.025 *** (0.007)	0.039 *** (0.009)
学历	-0.079 *** (0.008)	-0.089 *** (0.011)	-0.064 *** (0.011)
家庭成员的创业选择	0.192 *** (0.004)	0.184 *** (0.006)	0.200 *** (0.007)
尽责性	0.011 ** (0.005)	0.015 ** (0.007)	0.006 (0.007)
宜人性	0.001 (0.001)	0.011 * (0.006)	-0.019 ** (0.007)
神经质	-0.004 (0.004)	-0.001 * (0.006)	-0.009 (0.007)
样本数量	8195	4716	3479
Adj R^2	0.250	0.210	0.320

注：括号内为 P 值，***、** 和 * 分别表示系数在 1%、5%和 10%水平上的统计显著。回归之前对样本进行标准化处理，即将每个数据减去均值后除以标准差。

第五节　本章结论与不足

一、结论

本书利用 2014 年中国家庭追踪调查（CFPS）数据研究了非认知能力对劳动者创业选择的影响以及该影响的性别异质性。研究发现，总体来看，在控制了受教育程度、年龄、婚姻状态和社会资源等因素后，尽责性对创业选择有显著的正向影响，宜人性和神经质对创业选择没有显著影响。分性别来看，尽责性和宜人性对男性的创业选择有显著的正向影响，神经质对男性的创业选择有显著的负向影响，对女性而言，宜人性对其的创业选择有显著的负向影响，尽责性和神经质对创业选择没有显著影响。

二、研究不足

由于国内的研究对非认知能力与个体创业选择之间的关系研究较少，故本书从新人力资本视角来分析创业者的人格特征对其创业选择的影响，并进一步分析了异质性对其的影响，补充了国内在该领域的研究。本书还存在一些不足之处，一方面，由于数据的限制，只能探讨尽责性、宜人性和神经质的创业选择效应，外倾性和开放性与创业选择的关系还需进一步研究，不能直接忽视。另一方面，本书探讨的是非认知能力与创业选择的相关关系，若要探讨两者的因果关系，应该进一步处理研究中可能存在的遗漏变量问题和反向因果问题，处理这两个问题的最好方法之一是寻找工具变量，这需要未来的进一步研究。

参考文献

[1] Abidin N. Z., Zulkifli A., Abidin E. Z., et al. Secondhand Smoke Exposure in Toddlerhood and Cognitive Ability among Malaysian Adolescents [J]. Iranian Journal of Public Health, 2014, 43 (3): 131-141.

[2] Abubakar A., Vijver F. R. V. D., Suryani A., et al. Perceptions of Parenting Styles and Their Associations with Mental Health and Life Satisfaction among Urban Indonesian Adolescents [J]. Journal of Child and Family Studies, 2014, 24 (9): 1-13.

[3] Ackerman P. L., Heggestad E. D.. Intelligence, Personality, and Interests: Evidence for Overlapping Traits [J]. Psychological Bulletin, 1997, 121 (2): 219.

[4] Allport G. W. The General and the Unique in Psychological Science 1 [J]. Journal of Personality, 1962, 30 (3): 405-422.

[5] Almlund M., Duckworth A. L., Heckman J, et al. Personality Psychology and Economics [M]//Handbook of the Economics of Education [J]. Elsevier, 2011 (4): 1-181.

[6] Altonji J. G., Pierret C. R. Employer Learning and Statistical Discrimination [J]. Quarterly Journal of Economics, 2001, 116 (1): 313-350.

[7] Anditi Z. O, Okere M. I. O, Muchiri D R. Influence of School Characteristics on the Achievement of Secondary School Chemistry Students in the Cognitive Science Process Skill of Evaluation in Kenya [J]. European Journal of

Educational Research, 2013, 2 (4): 171-183.

[8] Anelli M., Peri G. Gender of Siblings and Choice of College Major [J]. CESifo Economic Studies, 2015, 61 (1): 53-71.

[9] Anger S., Heineck G. Cognitive Abilities and Earnings—First Evidence for Germany [J]. Applied Economics Letters, 2010, 17 (7-9): 699-702.

[10] Anger S., D. D. Schnitzlein. Cognitive Skills, Non-cognitive Skills, and Family Background: Evidence from Sibling Correlations [J]. Journal of Population Economics, 2017, 30 (2): 591-620.

[11] Anghel B., Balart P. Non-cognitive Skills and Individual Earnings: New Evidence from PIAAC [J]. Series Journal of the Spanish Economic Association, 2017, 8 (4): 417-473.

[12] Apelberg B. J., Hepp L. M., Avila-Tang E., Gundel L., Hammond SK, Hovell MF, Hyland A, Klepeis N. E, Madsen C. C, Navas-Acien A. et al. Environmental Monitoring of Secondhand Smoke Exposure [J]. Tob Control, 2013, 22 (3): 147-155.

[13] Araujo P. D., Lagos S. Self-Esteem, Education, and Wages Revisited [J]. Journal of Economic Psychology, 2013, 34 (1): 120-132.

[14] Arrow K. J. The Economic Implications of Learning by Doing [J]. Review of Economic Studies, 1962, 29 (3): 155-173.

[15] Aughinbaugh A., Gittleman M. Does Money Matter? A Comparison of the Effect of Income on Child Development in the United States and Great Britain [J]. Journal of Human Resources, 2003, 38 (2): 416-440.

[16] Avison M., Furnham A. Personality and Voluntary Childlessness [J]. Journal of Population Research, 2015, 32 (1): 45-67.

[17] Barrick M. R., Mount M. K. The Big Five Personality Dimensions and Job Performance: A Meta-analysis [J]. Personnel Psychology, 1991, 44 (1): 1-26.

[18] Barton G. R., Fortnum H. M., Stacey P. C., Summerfield A. Q. Hearing-impaired Children in the United Kingdom, Ⅲ: Cochlear Implantation and the Economic Costs Incurred by Families [J]. Ear And Hearing, 2006, 27 (5): 563-574.

[19] Batty G. D., Der G., Deary I. J. Effect of Maternal Smoking during Pregnancy on Offspring's Cognitive Ability: Empirical Evidence for Complete Confounding in the US National Longitudinal Survey of Youth [J]. Pediatrics, 2006, 118 (3): 943-950.

[20] Baumrind D. Current Patterns of Parental Authority [J]. Developmental Psychology, 1971, 4 (1/2): 1-103.

[21] Becker G. S., Tomes N. An Equilibrium Theory of the Distribution of Income and Intergenerational Mobility [J]. Journal of Political Economy, 1979, 87 (6): 1153-1189.

[22] Becker G. S., Tomes N. Human Capital and the Rise and Fall of Families [J]. Journal of Labor Economics, 1986, 4 (3, Balt2): 1-39.

[23] Beckett C., Maughan B., Rutter M., et al. Do the Effects of Early Severe Deprivation on Cognition Persist into Early Adolescence? Findings From the English and Romanian Adoptees Study. [J]. Child Development, 2006, 77 (3): 696-711.

[24] Berg V., Rotkirch A., et al. Personality is Differentially Associated with Planned and Non-planned Pregnancies [J]. Journal of Research in Personality, 2013, 47 (4): 296-305.

[25] Bilder R. M., Volavka Jál Czbor P., et al. Neurocognitive Correlates of the COMT Val 158 Met Polymorphism in Chronic Schizophrenia [J]. Biological Psychiatry, 2002, 52 (7): 701-707.

[26] Blackburn M. L., Neumark D. Are OLS Estimates of the Return to Schooling Biased Downward? Another Look [R]. 1993.

[27] Blekesaune M., Skirbekk V. Can Personality Predict Retirement Behaviour? A Longitudinal Analysis Combining Survey and Register Data from Norway [J]. European Journal of Ageing, 2012, 9 (3): 199-206.

[28] Boake C. From the Binet-Simon to the Wechsler-Bellevue: Tracing the History of Intelligence Testing [J]. Journal of Clinical & Experimental Neuropsychology, 2002, 24 (3): 383.

[29] Borghans L., Duckworth A. L., Heckman J. J., Ter Weel B. The Economics and Psychology of Personality Traits [J]. Journal of Human Resources, 2008, 43 (4): 972-1059.

[30] Borghans L., Meijers H., Ter Weel B. The Role of Noncognitive Skills in Explaining Cognitive Test Scores [J]. Economic Inquiry, 2008, 46 (1): 2-12.

[31] Borghans L., ter Weel B. Do We Need Computer Skills to Use a Computer? Evidence from Britain [J]. Labour, 2006, 20 (3): 505-532.

[32] Borjas G. J. Self-Selection and the Earnings of Immigrants [J]. American Economic Review, 1987, 77 (4): 531.

[33] Borra C., Iacovou M., Sevilla A. The Effect of Breastfeeding on Children's Cognitive and Noncognitive Development [J]. Labour Economics, 2012, 19 (4): 496-515.

[34] Bouchard J. T., Loehlin J. C. Genes, Evolution, and Personality. [J]. Behavior Genetics, 2001, 31 (3): 243-273.

[35] Bound J., Griliches Z., Hall BH. Wages, Schooling and IQ of Brothers and Sisters: Do the Family Factors Differ? [J]. International Economic Review, 1986, 27 (1): 77.

[36] Bowles S., Gintis H., Osborne M. Incentive-Enhancing Preferences: Personality, Behavior, and Earnings [J]. American Economic Review, 2001, 91 (2): 155-158.

[37] Bronars S. G., Oettinger G. S. Estimates of the Return to Schooling and Ability: Evidence from Sibling Data [J]. Labour Economics, 2006, 13 (1): 19-34.

[38] Brown S., Mcintosh S., Taylor K. Following in Your Parents' Footsteps? Empirical Analysis of Matched Parent-Offspring Test Scores [J]. Oxford Bulletin of Economics & Statistics, 2011, 73 (1): 40-58.

[39] Brunello G., M. De Paola. Leadership at School: Does the Gender of Siblings Matter? [J]. Economic Letters, 2013, 120 (1): 61-64.

[40] Burk W. J., Laursen B. Mother and Adolescent Reports of Associations Between Child Behavior Problems and Mother-Child Relationship Qualities: Separating Shared Variance from Individual Variance [J]. Journal of Abnormal Child Psychology, 2010, 38 (5): 657-667.

[41] Butcher K. F., A. Case. The Effect of Sibling Sex Composition on Women's Education and Earnings [J]. Quarterly Journal of Economics 1994, 109 (3): 531-563.

[42] Butikofer A., Peri G. The Effects of Cognitive and Noncognitive Skills on Migration Decisions. [J]. NBER Working Papers, 2017.

[43] Caire G. Becker (Gary S.)-Human capital, A theoretical and empirical analysis with special reference to education [J]. Revue économique, 1967, 18 (18): 132-133.

[44] Uhlendorff A., Caliendo M., Cobbclank D A. Locus of Control and Job Search Strategies [J]. Social Science Electronic Publishing, 2015, 97 (1): pags, 88-103.

[45] Caliendo M., Fossen F., Kritikos A. S. Personality Characteristics and the Decisions to Become and Stay Self-employed [J]. Small Business Economics, 2014, 42 (4): 787-814.

[46] Caliemdo M., Fossen F., Kritikos A. The Impact of Risk of Attitudes

on Entrepreneurial Survical [J]. Journal of Economic Behavior & Organization, 2010, 76 (1): 45-63.

[47] Cameron S. V., Heckman J. Determinants of Young Male Schooling and Training Choices [R]. National Bureau of Economic Research, 1993.

[48] Campos - Vazquez R. M., Lustig N. Labour Income Inequality in Mexico: Puzzles Solved and Unsolved [R]. 2017.

[49] Carlson M. J., Corcoran M. E. Family Structure and Children's Behavioral and Cognitive Outcomes [J]. Journal of Marriage and Family, 2011 (63): 779-792.

[50] Carneiro, Pedro Crawford, Claire Goodman, et al. The Impact of Early Cognitive and Non-Cognitive Skills on Later Outcomes. [R]. CEE Disassion Paper 0092, 2007.

[51] Carrell S. E., B. I. Sacerdote J. E. West. From Natural Variation to Optimal Policy? The Importance of Endogenous Peer Group Formation [J]. Econometrica, 2013, 81 (3): 855-882.

[52] Carroll J. B. Human Cognitive Abilities: A Survey of Factor-Analytic Studies [M]. New York: CambridgeUniversity Press, 1993.

[53] Caspi A., Roberts B. W., Shiner R. L. Personality Development: Stability and Change [J]. Annual Review of Psychology, 2005, 56 (1): 453-484.

[54] Cattan S. J. Psychological Traits and the Gender Wage Gap [D]. Ph. D. Dissertation, the University of Chicago.

[55] Cattell J. M. NUMBER - FORMS. Science (New York, NY) [R]. 1893, 22 (556): 181.

[56] Cawley J., Conneely K., Heckman J., et al. Cognitive Ability, Wages, and Meritocracy [M]//Intelligence, Genes, and Success. Springer, New York, 1997: 179-192.

［57］ Cawley J.， Heckman J. and Vytlacil E. Three Observations on Wages and Measured Cognitive Ability ［J］. Labour Economics，2001，8（4）：419-442.

［58］ Chamorro-Premuzic T.， Furnham A. Personality Traits and Academic Examination Performance ［J］. European Journal of Personality，2010，17（3）：237-250.

［59］ Charette M. F.， Meng R. The Determinants of Literacy and Numeracy，and the Effect of Literacy and Numeracy on Labour Market Outcomes ［J］. Canadian Journal of Economics，1998，31（3）：495-517.

［60］ Chetty R.， John N. F.， Rockoff J. E.. Measuring the Impacts of Teachers Ⅱ：Teacher Value-Added and Student Outcomes in Adulthood ［J］. American Economic Review，2014（9）：2633-2679.

［61］ Chipperfield J. G.， Newall N. E.， Perry R. P.， et al. Sense of Control in Late Life：Health and Survival Implications. ［J］. Personality & Social Psychology Bulletin，2012，38（8）：1081.

［62］ Chiurazzip，Tabolacci E，Neri G.. X - Linked Mental Retardation（XLMR）：form Clinical Conditions to Cloned Genes ［J］. Criteal Reviews in Clinical Laboratory Science，2004，41（2）：117-158.

［63］ Christen M.， Iyer G.， Soberman D. Job Satisfaction，Job Performance，and Effort：A Reexamination Using Agency Theory ［J］. Journal of Marketing，2006，70（1）：137-150.

［64］ Cobb-Clark D. A.， Schurer S. The Stability of Big-Five Personality Traits ［J］. Economics Letters，2012，115（1）：11-15.

［65］ Cobb-Clark D. A.， Tan M. Noncognitive Skills，Occupational Attainment，and Relative Wages ［J］. Labour Economics，2011，18（1）：1-13.

［66］ Coleman J. S.， E. Campbell，C. Hobson，et al. Equality of Educational Opportunity ［R］. Government Printing Office，1966.

［67］ Costa Jr P. T.， McCrae R. R. Multiple Uses for Longitudinal Personality data [J]. European Journal of Personality, 1992, 6 (2): 85-102.

[68] Costa P., Terracciano A., Mccrae R. R. Gender Differences in Personality Traits across Cultures: Robust and Surprising Findings. [J]. Journal of Personality and Social Psychology, 2001, 81 (2): 322-331.

[69] Cost Jr P. T., Mccrae R. R. The Revised NEO Personality Inventory (NEO-PI-R) [M]. MLA, 2008.

[70] Costa P. T., Mccrae R. R. Four Ways Five Factors Are Basic [J]. Personality & Individual Differences, 1992, 13 (6): 653-665.

[71] Crowther M., Huang C. Secrets to a Long, Healthy Life: Uncovering Myths about Longevity. [J]. Psyc Critiques, 2012 (15).

[72] Cunha F., Heckman J. J., Navarro S. The Identification and Economic Content of Ordered Choice Models with Stochastic Thresholds [J]. International Economic Review, 2007, 48 (4): 1273-1309.

[73] Cunha F., Heckmon J. J. Schennach SM. Estimatiny of Cognitive and Non-cognitive Skill Formation [J]. Econometrica, 2010, 78 (3): 883-931.

[74] Cunha F., Heckman J. Formulating and Estimating the Technology of Cognitive and Noncognitive Skill Formation [J]. Journal of Human Resources, 2008 (43): 738-778.

[75] CyronL., Schwerdt G., Viarengo M. The Effect of Opposite Sex Siblings on Cognitive and Noncognitive Skills in Early Childhood [J]. Applied Economics Letters, 2017, 24 (19): 1369-1373.

[76] Dahl R. E. Adolescent Brain Development: A Period of Vulnerabilities and Opportunities. Keynote Address [J]. Annals of the New York Academy of Sciences, 2004, 1021 (1): 1-22.

[77] Davar S. C., Bala R. Relationship between Job Satisfaction and Job Performance: A Meta-analysis [J]. Indian Journal of Industrial Relations, 2012, 48 (2): 290-305.

[78] Del Boca D., Flinn C., Wiswall M. Household Choices and Child Development [J]. Carlo Alberto Notebooks, 2014, 81 (5155): 137-185.

[79] Dijkstra P., Barelds D. P. H. Women's Well-Being: The Role of Individual differences [J]. Scandinavian Journal of Psychology, 2009, 50 (4): 7.

[80] Donnellan M. B., Conger R. D., Bryant C. M. The Big Five and Enduring Marriages [J]. Journal of Research in Personality, 2004, 38 (5): 481-504.

[81] Curtis S. J, Dooley M. D., Lipman EL. et al. The Role of Permanent Income and Family Structure in the Determination of Child Health in Canada [J]. Health Economics, 2001, 10 (4): 287-302.

[82] Dooley M., Stewart J. Family Income and Child Outcomes in Canada [J]. Canadian Journal of Economics, 2004, 37 (4): 898-917.

[83] Dooley M., Stewart J. Family Income, Parenting Styles and Child Behavioural-Emotional Outcomes [J]. Health Economics, 2010, 16 (2): 145-162.

[84] Duckworth A. L., M. Seligman. Self-discipline Outdoes IQ in Predicting Academic Performance of Adoloscents [J]. American Psychological Society, 2005, 16 (12): 939-944.

[85] Egan M. F. Goldberg T. E. Kolachana B. S. et al. Effect of COMT val 108/158 Met genotype on Frontal Lobe Function and Risk for Schizophrenia [J]. Proceedings of the National Academy of Sciences, 2001, 98 (12): 6917-6922.

[86] El-Mallakh R., Hollifield M. Comorbid Anxiety in Bipolar Disorder Alters Treatment and Prognosis [J]. Psychiatric Quarterly, 2008, 79 (2): 139-150.

[87] Eren O., Ozbeklik S. The Effect of Noncognitive Ability on the Earnings of Young Men: A Distributional Analysis with Measurement Error Correction [J]. Labour Economics, 2013 (24): 293-304.

[88] Evans D. S., Leighton L. S. Some Empirical Aspects of Entrepre-

neurship [J]. American Economic Review, 1989, 79 (3): 519-535.

[89] Farber H. S., Haltiwanger J., Abraham K. G. The Changing Face of Job Loss in the United States, 1981-1995 [J]. Brookings Papers on Economic Activity Microeconomics, 1997, 1997 (2): 55-142.

[90] Farber H. S. Job Loss in the United States, 1981~2001 [J]. Research in Labor Economics, 2003, 23 (850): 431-446.

[91] Farkas G. Cognitive Skills and Noncognitive Traits and Behaviors in Stratification Processes [J]. Annual Review of Sociology, 2003 (29): 541-562.

[92] Feldman D. C., Beehr T. A. A Three-Phase Model of Retirement Decision Making [J]. American Psychologist, 2011, 66 (3): 193-203.

[93] Finnie R., Meng R. Cognitive Skills and the Youth Labour Market [J]. Applied Economics Letters, 2001, 8 (10): 675-679.

[94] Finnie R., Meng R. Minorities, Cognitive Skills and Incomes of Canadians [J]. Canadian Public Policy, 2002, 28 (2): 257-273.

[95] Flavell J. H. Cognitive Development: Children's Knowledge about the Mind [J]. Annual Review of Psychology, 1999, 50 (1): 21-45.

[96] Fleming S. J., Wilkinson J. S., Greenwood R. N., et al. Effect of Dialysate Composition on Intercompartmental Fluid Shift [J]. Kidney International, 1987, 32 (2): 267-273.

[97] Fletcher J., Wolfe B. The Importance of Family Income in the Formation and Evolution of Non-Cognitive Skills in Childhood [J]. Economics of Education Review, 2016, 54: 143-154.

[98] Fletcher J. M. The Effects of Personality Traits on Adult Labor Market Outcomes: Evidence from Siblings [J]. Journal of Economic Behavior and Organization, 2013, 89: 122-135.

[99] Flossmann A. L., Piatek R., Wichert L. Going beyond Returns to Education: The Role of Noncognitive Skills on Wages in Germany [J]. Nano Let-

ters, 2008, 9 (10): 3398-3405.

[100] Frantz R. S. Internal-External Locus of Control and Labor Market Performance: Empirical Evidence Using Longitudinal Survey Data. [J]. Psychology a Journal of Human Behavior, 1980, 17 (3): 23-29.

[101] Friedman H. S., Tucker J. S., Schwartz J. E., et al. Childhood Conscientiousness and Longevity: Health Behaviors and Cause of Death [J]. Journal of Personality and Social Psychology, 1995, 68 (4): 696-703.

[102] Friedman H. S., Tucker J. S., Tomlinson-Keasey C., et al. Does Childhood Personality Predict Longevity? [J]. Journal of Personality and Social Psychology, 1993, 65 (1): 176-185.

[103] Friedman T. L. Is the World Flat? Foreign Policy [R]. 2007.

[104] Fu, Ning. When the Honeymoon is Over [D]. University of North Cardina at Chapel Hill Graduate School, 2017.

[105] Furnham A., Chamorro - Premuzic T., Mcdougall F. Personality, Cognitive Ability, and Beliefs About Intelligence as Predictors of Academic Performance [J]. Learning & Individual Differences, 2002, 14 (1): 47-64.

[106] Galton J. H. An Address on the Relations of General Practitioners [J]. British Medical Journal, 1884, 2 (1227): 15-17.

[107] Gensowski M. Personality, IQ, and Lifetime Earnings [J]. Social Science Electronic Publishing, 2014.

[108] Georgsson A., Almqvist K., Broberg A. G. Dissimilarity in Vulnerability: Self-reported Symptoms among Children with Experiences of Intimate partner Violence [J]. Child Psychiatry Hum Dev, 2011, 42 (5): 539-556.

[109] Gibbs B. G., Forste R. Breastfeeding, Parenting, and Early Cognitive Development [J]. Journal of Pediatrics, 2014, 164 (3): 487-493.

[110] Glewwe P., Huang Q., Park A. Cognitive Skills, Noncognitive Skills, and School-to-work Transitions in Rural China [J]. Journal of Economic

Behavior & Organization, 2017, 134: 141-164.

[111] Goldberg L. R. An Alternative "Description of Personality": The Big-Five Factor Structure [J]. Journal of Personality & Social Psychology, 1990, 59 (6): 1216-1229.

[112] Goldberg S. Parent Involvement Begins at Birth: Collaboration between Parents and Teachers of Children in the EarlyYears [M]. Allyn and Bacon/Simon and Schuster Education Group, 160 Gould Street, Needham Heights, MA 02194-2315, 1997.

[113] Goldberg, Lewis R. The Structure of Phenotypic Personality Traits [J]. American Psychologist, 1993, 48 (1): 26-34.

[114] Green D. A., Riddell W. C. Literacy and Earnings: An Investigation of the Interaction of Cognitive and Unobserved Skills in Earnings Generation [J]. Labour Economics, 2003, 10 (2): 165-184.

[115] Green D. A., Riddell W. C. Literacy Skills, Non-cognitive Skills and Earnings: An Economist's Perspective [M]//de Broucker P, Sweetman A, eds. Towards Evidence-Based Policy for Canadian Education/Vers Des Politiques Canadiennesd'education Fondees Sur La Recherche, 2001: 123-153.

[116] Grossman M. Chapter 7-The Human Capital Model [M]. Handbook of Health Economics, 2000.

[117] Groves M. O. How Important is Your Personality? Labor Market Returns to Personality for Women in the US and UK [J]. Journal of Economic Psychology, 2005, 26 (6): 827-841.

[118] Halpern D., Straight C., Stephenson C. Beliefs About Cognitive Gender Differences: Accurate for Direction, Underestimated for Size [J]. Sex Roles, 2011, 64 (5-6): 336-347.

[119] Handbook of the Economics of Education [M]. Elsevier, 2016.

[120] Hanushek E. A., Kain J. F., Rivkin S. G. Inferring Program Effects

for Special Populations: Does Special Education Raise Achievement for Students with Disabilities? [J]. Review of Economics and Statistics, 2002, 84 (4): 584-599.

[121] Hanushek E. A., Woessmann L. The Role of Cognitive Skills in Economic Development [J]. Journal of Economic Literature, 2008, 46 (3): 607-668.

[122] Hanushek E. A., Rivkin S. G. Generalizations about Using Value-Added Measures of Teacher Quality [J]. American Economic Review, 2010, 100 (2): 267-271.

[123] Hanushek E. A. The Economic Value of Higher Teacher Quality [J]. Economics of Education Review, 2011 (3): 466-479.

[124] Hartog J., Praag M. V., Sluis J. V. D. If You Are So Smart, Why Aren't You an Entrepreneur? Returns to Cognitive and Social Ability: Entrepreneurs Versus Employees [J]. Journal of Economics & Management Strategy, 2008, 19 (4): 947-989.

[125] Hauser R. M., H.-H. D. Kuo. Does the Gender Composition of Sibships Affect Women's Educational Attainment? [J]. Journal of Human Resources, 1998, 33 (3): 644-657.

[126] Hawkinson L. E., Griffen A. S., Dong N., et al. The Relationship between child care Subsidies and Children's Cognitive Development [J]. Early Childhood Research Quarterly, 2013, 28 (2): 388-404.

[127] Heckman J. J., Mosso S. The Economics of Human Development and Social Mobility [J]. Annu. Rev. Econ., 2014, 6 (1): 689-733.

[128] Heckman J. J., Pinto R., Wang H. Determinants of Risk Behaviors in Early Adulthood: Interplay of Cognitive Ability, Noncognitive Skills, and Health [J]. University of Chicago, 2008.

[129] Heckman J. J., Lochner L. J., Todd P. E. Earnings Functions and

Rates of Return [J]. Journal of Human Capital, 2008, 2 (1): 1-31.

[130] Heckman J. J., Masterov D. V. The Productivity Argument for Investing in Young Children [J]. Review of Agricultural Economics, 2007, 29 (3): 446-493.

[131] Heckman J. J., Rubinstein Y. The Importance of Noncognitive Skills: Lessons from the GED Testing Program [J]. American Economic Review, 2001, 91 (2): 145-149.

[132] Heckman J. J. China's Human Capital Investment [J]. China Economic Review, 2005, 16 (1): 50-70.

[133] Heckman J. J. Sample Selection Bias as a Specification Error [J]. Econometrica, 1979, 47 (1): 153-161.

[134] Heckman J. J., Stixrud J., Urzua S. The Effects of Cognitive and Noncognitive Abilities on Labor Market Outcomes and Social Behavior [J]. Journal of Labor Economics, 2006, 24 (3): 411-482.

[135] Heckman J. J. Integrating Personality Psychology into Economics [J]. NBER Working Papers, 2011, 33 (3): 1-31.

[136] Heineck G., Anger S. The Returns to Cognitive Abilities and Personality Traits in Germany [J]. Social Science Electronic Publishing, 2010, 17 (3): 535-546.

[137] Helweg-Larsen K., Frederiksen M. L., Larsen H. B. Violence, a Risk Factor for Poor Mental Health in Adolescence: A Danish Nationally Representative Youth Survey [J]. Scandinavian Journal of Public Health, 2011, 39 (8): 849-856.

[138] Herrnstein R. J., Murray C. The Aristocracy of Intelligence [J]. Wall Street Journal - Eastern Edition, 1994, 224 (70): 12.

[139] Hewett R., Van denBroeck A. Recovery from Daily Work: The Role of Basic Psychological Need Satisfaction [J]. Academy of Management Annual

Meeting Proceedings, 2015, 2015 (1): 1.

[140] Huang G., Xie Y., Xu H. Cognitive Ability: Social Correlates and Consequences in Contemporary China [J]. Chinese Sociological Review, 2015, 47 (4): 287-313.

[141] Humlum M. K. Timing of Family Income, Borrowing Constraints, and Child Achievement [J]. Journal of Population Economics, 2011, 24 (3): 979-1004.

[142] Humphries J. E., Kosse F. On the Interpretation of Non-cognitive Skills-what is Being Measured and Why it Matters [J]. Journal of Economic Behavior & Organization, 2017, 136: 174-185.

[143] Humphrys P., O'Brien G. E. The Relationship between Skill Utilization, Professional Orientation and Job Satisfaction for Pharmacists [J]. Journal of Occupational Psychology, 1986; 59 (4): 315-326.

[144] Hånell S. M., Nordman E. R., Sharma D. D. The Continued Internationalisation of an International New Venture [J]. European Business Review, 2014, 26 (5): 471-490.

[145] Jakobwitz S., Egan V. The Dark Triad and Normal Personality Traits [J]. Personality and Individual Differences, 2006, 40 (2): 331-339.

[146] Jensen A. R. Jensen on "Jensenism" [J]. Intelligence, 1998, 26 (3): 181-208.

[147] John O. P. Srivastava S. The Big - five Trait Taxonomy: History Measurement and Theoretical Perspectives [J]. Handbook of personality: Theory and Yesearch, 1999: 102-138.

[148] Jokela M., Alvergne A., Pollet T. V., et al. Reproductive Behavior and Personality Traits of the Five Factor Model [J]. European Journal of Personality, 2011, 25 (6): 487-500.

[149] Jokela M. Birth-Cohort Effects in the Association between Personality

and Fertility [J]. Psychological Science, 2012, 23 (8): 835-841.

[150] Jolliffe D. Skills, Schooling, and Household Income in Ghana [J]. World Bank Economic Review, 1998, 12 (1): 81-104.

[151] Judge T. A., Higgins C. A., Thoresen C. J., et al. The Big Five Personality Traits, General Mental Ability, and Career Success across the Life Span [J]. Personnel Psychology, 1999, 52 (3): 621-652.

[152] Judge T. A., Heller D., Mount M. K. Five-Factor Model of Personality and Job Satisfaction: A Meta-Analysis [J]. Journal of Applied Psychology, 2002, 87 (3): 530-541.

[153] Kautz T., Heckman J., Diris R., et al. Fostering and Measuring Skills: Improving Cognitive and Non-cognitive Skills to Promote Lifetime Success [R]. National Bureau of Economic Research, 2014.

[154] Kern M. L., Friedman H. S. Do Conscientious Individuals Live Longer? A Quantitative Review [J]. Health Psychology, 2008, 27 (5): 505-512.

[155] Khanam R., Nghiem S. Family Income and Child Cognitive and Noncognitive Development in Australia: Does Money Matter? [J]. Demography, 2016, 53 (3): 597-621.

[156] Klein A. J. S. Relations between Parenting Quality and Cognitive Performance of Children Experiencing Varying Amounts of Childcare [J]. Child Development, 2009, 80 (3): 893-906.

[157] Kletzer L. G. Job Displacement [J]. Journal of Economic Perspectives, 1998, 12 (1): 115-136.

[158] Krueger A., Hanushek E. A., RiceJ. The Class Size Debate [M]. Washington D. C.: Economic Policy Institute, 2002.

[159] Kuoppala J., Lamminp A., Husman P. Work Health Promotion, Job Well-Being, and Sickness Absences—A Systematic Review and Meta-Analysis [J]. Journal of Occupational and Environmental Medicine, 2008, 50

(11): 1216-1227.

[160] Kurekovά L. M., BeblavýM., Haita C., et al. Employers' Skill Preferences across Europe: Between Cognitive and Non-cognitive Skills [J]. Journal of Education & Work, 2016, 29: 1-26.

[161] Kussainov A. K., Boulatbayeva A. A., Shaumen G. S. Family Situation as Factor of the Academic Progress of Students [J]. International Journal of Humanities and Social Science, 2014, 4 (14): 121-129.

[162] Lavado P., Martínez J. La Transición de la Escuela al Trabajo: Anάlisis de la Oferta y Demanda de Empleo de Jóvenes Sin Estudiossuperioresuniversitariosen Zonas Urbanas [J]. Economía, 2014, 37 (74): 41-94.

[163] Lavy V., Paserman M. D., Schlosser A. Inside the Black Box of Ability Peer Effects: Evidence from Variation in the Proportion of Low Achievers in the Classroom [J]. Economic Journal, 2012, 122 (559): 208-237.

[164] Lazear D. Eight Ways of Teaching: The Artistry of Teaching with Multiple Intelligences [M]. Fourth Edition, 2003.

[165] Lindqvist E., Borell L. The Match between Experienced Difficulties in Everyday Activities after Stroke and Assistive Technology for Cognitive Support [J]. Technology & Disability, 2010, 22 (3): 89-98.

[166] Lindqvist E., Vestman R. The Labor Market Returns to Cognitive and Noncognitive Ability: Evidence from the Swedish Enlistment [J]. American Economic Journal: Applied Economics, 2011, 3 (1): 101-128.

[167] Locke E. A., Sirota D., Wolfson A. D. An Experimental Case Study of the Successes and Failures of Job Enrichment in a Government Agency [J]. Journal of Applied Psychology, 1976, 61 (6): 701-711.

[168] Lubinski D. Introduction to the Special Section on Cognitive Abilities: 100 Years after Spearman's (1904) " 'General intelligence,' Objectively Determined and Measured" [J]. Journal of Personality and Social Psychology, 2004, 86

(1): 96.

[169] Luis F. García, Aluja A., Barrio V. D. Effects of Personality, Rearing Styles and Social Values on Adolescents' Socialisation Process [J]. Personality and Individual Differences, 2006, 40 (8): 1671-1682.

[170] Lundberg S. Personality and Marital Surplus [J]. Iza Journal of Labor Economics, 2012, 1 (1): 1-21.

[171] Lundborg P., Nystedt P., Rooth D. O. Height and Earnings: The Role of Cognitive and Noncognitive Skills [J]. Journal of Human Resources, 2014, 49 (1): 141-166.

[172] Mackintosh N. J. IQ and Human Intelligence [M]. Art and Human Intelligence. Appleton-Century-Crofts, 2000.

[173] Madden J. F. The Distribution of Economic Losses among Displaced Workers: Measurement Methods Matter [J]. The Journal of Human Resources, 1988, 23 (1): 93-107.

[174] Malmberg LE, Lewis S, West A, et al. The Infcuence of Mothers, and Fathers' Sensitivity in the First Year of Life on Chidren's Cognitive Outcomes at 18 and 36 Months [J] Child: Care Health and Development, 2016, 42 (1): 1-7.

[175] Marks., Gary N. Family Income Has Only Weak Effects on Cognitive Scores in Australia: A Comment on Khanam and Nghiem [J]. Demography, 2017, 54 (2): 801-807.

[176] Mccoy D. C., C. C. Raver, P. Sharkey. Children's Cognitive Performance and Selective Attention Following Recent Community Violence [J]. Journal of Health and Social Behavior, 2015, 56 (1): 19-36.

[177] Mccrae R., Costa Jr P. T. The Stability of Personality: Observations and Evaluations [J]. Current Directions in Psychological Science, 1994, 3 (6): 173-175.

[178] Mccrae R. R. , Costa Jr. PT. The NEO Personality Inventory: Using the Five-Factor Model in Counseling [J]. Journal of Counseling & Development, 1991, 69 (4): 367.

[179] Mcculloch A. , Joshi H. Neighbourhood and Family Influences on the Cognitive Ability of Children in the British National Child Development Study [J]. Social Science & Medicine, 2001, 53 (5): 579-591.

[180] McfarlinI. Do School Teacher Parents Make a Difference? [J]. Economics of Education Review, 2007, 26 (5): 0-628.

[181] McIntosh S. , Vignoles A. Measuring and Assessing the Impact of Basic Skills on Labour Market Outcomes [J]. Oxford Economic Papers, 2001, 53 (3): 453-481.

[182] Merenäkk L, Harro M. , Kiive E. , et al. Association between Substance Use, Personality Traits, and Platelet MAO Activity in Preadolescents and Adolescents [J]. Addictive Behaviors, 2003, 28 (8): 1507-1514.

[183] Mincer J. Progress in Human Capital Analysis of the Distribution of Earnings [M]. Cambridge, Mass. , USA: National Bureau of Economic Research, 1974.

[184] Mincer, Jacob. The Production of Human Capital and the Life Cycle of Earnings: Variations on a Theme [J]. Journal of Labor Economics, 1997, 15C1, Part (2): 26-47.

[185] Mischel H. N. , Mischel W. The Development of Children's Knowledge of Self-control Strategies [R]. Child Development, 1983.

[186] Moll G. H. , Wischer S. , Heinrich H. , Tergau F. , Paulus W. , Rothenberger A. Deficient Motor Control in Children with Tic Disorder: Evidence from Transcranial Magnetic Stimulation [J]. Neuroscience Letters, 1999, 272 (1): 37-40.

[187] Montero R, Váasquez D. Job Satisfaction and Reference Wages: Ev-

idence for a Developing Country [J]. 2015, 16 (6): 1493-1507.

[188] Mueller G., Plug E. Estimating the Effect of Personality on Male and Female Earnings [J]. Industrial & Labor Relations Review, 2006, 60 (1): 3-22.

[189] Mulligan N. W., Guyer P. S., Beland A. The Effects of Levels-of-processing and Organization on Conceptual Implicit Memory in the Category Exemplar Production Test [J]. Memory & Cognition, 1999, 27 (4): 633-647.

[190] Murnane R. J. Do Different Dimensions of Male High School Students' Skills Predict Labor Market Success a Decade Later? Evidence from the NLSY [J]. Economics of Education Review, 2001, 20 (4): 311-320.

[191] Murnane R. J., Willett J. B., Braatz M. J., et al. Do Different Dimensions of Male High School Students' Skills Predict Labor Market Success a Decade Later? Evidence from the NLSY [J]. Economics of Education Review, 2000, 20 (4): 311-320.

[192] Neisser U. Remembering as Doing [J]. Behavioral and Brain Science, 1996, 19 (2): 203-204.

[193] Neyer F. J., Asendorpf J. B.. Personality-Relationship Transaction in Young Adulthood. [J]. Journal of Personality and Social Psychology, 2001, 81 (6): 1190-1204.

[194] Nieto S., Ramos R. Educational Outcomes and Socioeconomic Status: A Decomposition Analysis for Middle-income Countries [J], Prospects, 2015 (3): 325-343.

[195] Nievar M. A., Moske A. K., Johnson D. J., et al. Parenting Practices in Preschool Leading to Later Cognitive Competence: A Family Stress Model [J]. Early Education and Development, 2014, 25 (3): 318-337.

[196] Nikolaou D. Direct and Indirect Effects of Noncognitive Skills on the gender Wage Gap [J]. Ohio State University Working Paper, 2012.

[197] Nilsson, Anton. Who Suffers from Unemployment? The Role of Health and Skills [J]. IZA Journal of Labor Policy, 2015, 4 (1): 19.

[198] Nisbett R. E, Aronson J., Blair C., et al. Intelligence: New Findings and the Oretical Developments [J]. American Psychologist, 2012, 67 (2): 130.

[199] Nyhus E. K., Pons E. The Effects of Personality on Earnings [J]. Journal of Economic Psychology, 2005, 26 (3): 363-384.

[200] Orr D. Teaching, Learning, and Loving: Reclaiming Passion in Educational Practice [J]. Canadian Journal of Education, 2005, 28 (1/2): 230.

[201] Osberg L. Schooling, Literacy and Individual Earnings. International Adult Literacy Survey [M]. Statistics Canada, Dissemination Division, Circulation Management, 120 Parkdale Avenue, Ottawa, Ontario K1A 0T6, Canada, 2000.

[202] O'Connell P. J., Gash V. The Effects of Working Time, Segmentation and Labour Market Mobility on Wages and Pensions in Ireland [J]. British Journal of Industrial Relations, 2003, 41 (1): 71-95.

[203] Parish W. L., R. J. Willis. Daughters, Education, and Family Budgets: Taiwan Experiences [J]. Journal of Human Resources, 1993, 28 (4): 863-898.

[204] Parker A. M., Carvalho L. S., Rohwedder S. Cognitive Ability, Expectations, and Beliefs about the Future: Psychological Influences on Retirement Decisions [J]. SSRN Electronic Journal, 2013 (2013): 298.

[205] Peyser M., Roberts J. L., Kelley R. The Katie Factor [R]. Newsweek, 2006, 147 (16): 36-42.

[206] Phipps S. A. An International Comparision of Policies and Outcomes for Young Children [M]. Ottawa: Canadian Policl Research Network, 1999.

[207] Pold J., Mulvey P. American Institute of Physics SRC [J]. Physics Doctorates: Skills Used & Satisfaction with Employment [J]. AIP Statistical Re-

search Center, 2016.

[208] Pryor F. L., Schaffer D. L. Who's Not Working and Why. Employment, Cognitive Skills, Wages, and the Changing U.S. Labor Market [M]. Cambridge, UK: Cambridge University Press, 1999.

[209] Radl J., Salazar L., Héctor Cebolla-Boado. Does Living in a Fatherless Household Compromise Educational Success? A Comparative Study of Cognitive and Non-cognitive Skills [J]. European Journal of Population, 2017, 33 (2): 217-242.

[210] Raine A., Loeber R., Stouthamer-Loeber M., Moffitt T. E., Caspi A., Lynam D. Neurocognitive Impairments in Boys on the Life-course Persistent Antisocial Path [J]. Journal of Abnormal Psychology, 2005, 114 (1): 38-49.

[211] Rindermann H., Neubauer A. C. Processing Speed, Intelligence, Creativity, and School Performance: Testing of Causal Hypotheses Using Structural Equation Models [J]. Intelligence, 2004, 32 (6): 0-589.

[212] Rivera-Batiz F. L.. Literacy Skills and the Wages of Young Black and White Males in the US [J]. Economics Letters, 1990, 32 (4): 377-382.

[213] Robert Cloninger. A New Conceptual Paradigm from Genetics and Psychobiology for the Science of Mental Health [J]. Australian & New Zealand Journal of Psychiatry, 1999, 33 (2): 174-186.

[214] Roberts B. W., Delvecchio W. F. The Rank-order Consistency of Personality Traits from Childhood to Old Age: A Quantitative Review of Longitudinal Studies [J]. Psychological Bulletin, 2000, 126 (1): 3-25.

[215] Roberts T. G., Harlin J. F., Briers G. E.. The Relationship between Teaching Efficacy and Personality Type of Cooperating Teachers [J]. Journal of Agricultural Education, 2007, 48 (4): 55-66.

[216] Robinson O. C., Demetre J. D., Corney R. Personality and Retire-

ment: Exploring the Links between the Big Five Personality Traits, Reasons for Retirement and the Experience of Being Retired [J]. Personality & Individual Differences, 2010, 48 (7): 792-797.

[217] Rockoff J. Field Experiments in Class Size from the Earlier Twentieth Century [J]. Journal of Economic Perspectives, 2009, 23 (4): 211-230.

[218] Rodin J., Langer E. J. Long-Term Effects of a Control-Relevant Intervention with the Institutionalized Aged [J]. Journal of Personality and Social Psychology, 1977, 35 (12): 897-902.

[219] Rothmann S., Coetzer E. P. The Big Five Personality Dimensions and Job Performance [J]. Personnel Psychology, 2003, 44 (1): 849-857.

[220] Ryan R. M., Deci E. L. Self-determination Theory and the Facilitation of Intrinsic Motivation, Social Development, and Well-being [J]. American Psychologist, 2000, 55 (1): 68.

[221] Santiago D. C., Wadsworth M. E. Family and Cultural Influences on Low-income Latino Children's Adjustment [J]. Journal of Clinical Child & Adolescent Psychology, 2011, 40 (2): 332-337.

[222] Schmitt D. P., Realo A., Voracek M., et al. Why Can not a Man be More Like a Woman? Sex Differences in Big Five Personality Traits across 55 Cultures [J]. Journal of Personality and Social Psychology, 2008, 94 (1): 168-182.

[223] Schonfeld A. M, Paley B., Frankel F., O'Connor M. J. Executive Functioning Predicts Social Skills Following Prenatal Alcohol Exposure [J]. Child Neuropsychology: A Journal on Normal and Abnormal Development in Childhood and Adolescence, 2006, 12 (6): 439-452.

[224] Schultz D. E. Can You Improve Marketing Results by Spending Less? [J]. Marketing News, 1996, 30 (8): 4-10.

[225] Seim D. Behavioral Responses to Wealth Taxes: Evidence from Sweden

[J]. American Economic Journal: Economic Policy, 2017, 9 (4): 395-421.

[226] Seim D. Job Displacement and Labor Market Outcomes by Skill Level [M]. Eesti Pank, 2012.

[227] Semykina A., Linz S. J. Gender Differences in Personality and Earnings: Evidence from Russia [J]. Journal of Economic Psychology, 2007, 28 (3): 387-410.

[228] Sharkey P., Elwert F. The Legacy of Disadvantage: Multigenerational Neighborhood Effects on Cognitive Ability1 [J]. American Journal of Sociology, 2011, 116 (6): 1934-1981.

[229] Shaw A., Rifchie D., Semple S., et al. Reducing Children's Exposure to Second Hand Smoke in the Home, a Literature Review [J]. ASH Scotland, 2012.

[230] Scott E. Seibert, Marza L. Kraimer The Five-Factor Model of Personality and Career Success [J]. Journal of Vocational Behavior, 2001, 58 (1): 1-21.

[231] Spearman J. G., Little PB. Hyperadrenocorticism in Dogs: A Study of Eight Cases [J]. The Canadian Veterinary Journal = La Revue Veterinaire Canadienne, 1978, 19 (2): 33-39.

[232] Spector S. A., Jackman M. R., Sabounjian L. A., Sakkas C., Landers DM., Willis WT. Effect of Choline Supplementation on Fatigue in Trained Cyclists [J]. Medicine and Science in Sports and Exercise, 1995, 27 (5): 668-673.

[233] Spence S. H., Najman J. M., Bor W., et al. Maternal Anxiety and Depression, Poverty and Marital Relationship Factors during Early Childhood as Predictors of Anxiety and Depressive Symptoms in Adolescence [J]. Journal of Child Psychology and Psychiatry, 2002, 43 (4): 457-469.

[234] Sr F. M, Peracchi F. Aging, Cognitive Abilities and Retirement

[J]. European Economic Review, 2012, 56 (4): 691-710.

[235] Stevens Huff A. Persistent Effects of Job Displacement: The Importance of Multiple Job Losses [J]. Journal of Labor Economics, 1997, 15 (1): 165-188.

[236] Tambunlertchai S. Choosing Entrepreneurship: The Roles of Cognitive and Noncognitive Abilities on Self-employment Decisions and Outcomes [D]. 2011.

[237] Tavares L. Age at First Birth, Education and Personality [J]. ISER WP, Unversity of Essex, Colchester, UK: Institute for Social and Economic Research, 2008.

[238] Terman L. M. Errors in Scoring Binet Tests [J]. The Psychological Clinic, 1918, 12 (2): 33.

[239] Tognatta N., Valerio A., Sanchez Puerta M. L. Do Cognitive and Noncognitive Skills Explain the Gender Wage Gap in Middle-Income Countries? An Analysis Using Step Data [J]. Social Science Electronic Publishing, 2016.

[240] Ucok A., Alpsan H., Cakins, et al. Association of a Serotonin Receptor 2A Gene Polymorphism with Cognitive Functions in Patients with Schizophrenia [J]. American Journal of Medical Genetics Part B: Neuropsychiatric Genetics, 2007, 144 (5): 704-707.

[241] Valerio A., Puerta M. L. S., Tognatta N., et al. Are There Skills Payoffs in Low- and Middle-income Countries? Empirical Evidence Using STEP data [M]. The World Bank, 2016.

[242] Verheul I., Thurik R., Grilo I., Van der Zwan P. Explaining Preferences and Actual Involvement in Self-Employment: Gender and the Entrepreneurial Personality [J]. Journal of Economic Psychology, 2012, 33 (2): 325-341.

[243] Viinikainen J., Kokko K. Personality Traits and Unemployment: Evidence from Longitudinal Data [J]. Journal of Economic Psychology, 2012,

33 (6): 1204-1222.

[244] Vijverberg W. P. M. The Impact of Schooling and Cognitive Skills on Income from Non-farm Self-employment. In: Glewwe P., ed [J]. The Economics of School Quality Investments in Developing Countries: An Empirical Study of Ghana, 1999, 206-252.

[245] von Ungern-Sternberg T., Von Weizsäcker C. C. The Supply of Quality on a Market for "Experience Goods" [J]. The Journal of Industrial Economics, 1985, 33 (4): 531-540.

[246] Walsh G., Gardner J. Assessing the Quality of Early Years Learning Environments [J]. Early Childhood Research & Practice, 2005, 7 (1).

[247] Wechsler H. Cases and Other Materials on Tudicial Remedies [J]. Harvard Law Review, 1939, 53 (2): 345-348.

[248] Woodward N. D., Jayathilake K., and Meltzer H. Y. COMT Val108/158 Met Genotype Cognitive Function, and Cognitive Improvement with Clozapine in Schizophrenia [J]. Schizophrenia Research, 2007, 90 (1-3): 86-96.

[249] Wu J., Zhang J. The Effect of Parental Absence on Child Development in Rural China [J]. Asian Economic Policy Review, 2017, 12 (1): 117-134.

[250] Zax J. S., Rees D. I. IQ, Academic Performance, Environment, and Earnings [J]. Review of Economics and Statistics, 2002, 84 (4): 600-616.

[251] Zhao H., Seibert S. E. The Big Five Personality Dimensions and Entrepreneurial Status: A Meta-Analytical Review [J]. Journal of Applied Psychology, 2006, 91 (2): 259-271.

[252] Öberg M., Jaakkola M. S., Woodwand A., et al. Worldwide Burden of Disease from Exposure to Second-hond Smoke: A Retropectire Analysis of Date 192 Countries [J]. The Lancet, 2001, 377 (9760): 139-146.

[253] 安伯欣. 父母教养方式，亲子沟通与青少年社会适应的关系研

究［D］. 陕西师范大学硕士学位论文，2004.

［254］陈伟. 职业教育与普通高中教育收入回报之差异［J］. Society：Chinese Journal of Sociology/Shehui，2016，36（2）.

［255］程虹，李唐. 人格特征对于劳动力工资的影响效应——基于中国企业—员工匹配调查（CEES）的实证研究［J］. 经济研究，2017（2）：173-188.

［256］方阳春，陈超颖. 包容型人才开发模式对员工工匠精神的影响［J］. 科研管理，2018，39：154-160.

［257］何珺子，王小军. 认知能力和非认知能力的教育回报率——基于国际成人能力测评项目的实证研究［J］. 经济与管理研究，2017，38（5）：66-74.

［258］胡博文. 非认知能力对劳动者收入的影响：机制探讨和实证分析［D］. 浙江大学博士学位论文，2017.

［259］黄国英，谢宇. 认知能力与非认知能力对青年劳动收入回报的影响［J］. 中国青年研究，2017（2）：56-64.

［260］江永红，张彬，郝楠. 产业结构升级是否引致劳动力"极化"现象［J］. 经济学家，2016，3（3）：24-31.

［261］赖德胜，苏丽锋，孟大虎等. 中国各地区就业质量测算与评价［J］. 经济理论与经济管理，2011，11：88-98.

［262］乐君杰，胡博文. 非认知能力对劳动者工资收入的影响［J］. 中国人口科学，2017（4）：66-76.

［263］黎煦，朱志胜，宋映泉. 寄宿对贫困地区农村儿童阅读能力的影响——基于两省5县137所农村寄宿制学校的经验证据［J］. 中国农村观察，2018（2）：129-144.

［264］李宏伟，别应龙. 工匠精神的历史传承与当代培育［J］. 自然辩证法研究，2015，31（8）：54-59.

［265］李建新. 中国民生发展报告：2015［M］. 北京：北京大学出版

社，2015.

［266］李丽，赵文龙，边卫军．家庭背景对非认知能力影响的实证研究［J］. 教育发展研究，2017（1）：45-52.

［267］李丽，赵文龙．家庭背景，文化资本对认知能力和非认知能力的影响研究［J］. 东岳论丛，2017（4）：142-150.

［268］李松，林庆．中国 6 省及自治区小儿脑性瘫痪危险因素的研究［J］. 北京大学学报（医学版），2002，34（3）：197-203.

［269］李涛，张文韬．人格经济学研究的国际动态［J］. 经济学动态，2015（8）：128-143.

［270］李涛，张文韬．人格特征与股票投资［J］. 经济研究，2015，50（6）：103-116.

［271］李涛，朱俊兵，伏霖．聪明人更愿意创业吗？——来自中国的经验发现［J］. 经济研究，2017，52（3）：91-105.

［272］李晓曼，涂文嘉，彭诗杰．中低技能劳动者因何获得了更高收入？——基于新人力资本的视角［J］. 人口与经济，2019（1）：110-122.

［273］李晓曼，曾湘泉．新人力资本理论——基于能力的人力资本理论研究动态［J］. 经济学动态，2012（11）：120-126.

［274］刘贵敏，王为实，童卫红，钱刚，任路忠．社区综合干预促进儿童心理健康的实验性研究［J］. 中国农村卫生事业管理，2010，30（8）：689-690.

［275］刘湘玲，王俊红．问题少年的人格、应对方式与父母婚姻冲突的相关研究［J］. 黑龙江教育学院学报，2010，29（6）：92-94.

［276］聂衍刚，林崇德，郑雪等．青少年社会适应行为与大五人格的关系［J］. 心理科学，2008（4）：774-779.

［277］宁光杰，林子亮．信息技术应用，企业组织变革与劳动力技能需求变化［J］. 经济研究，2014（8）：79-92.

［278］彭厚鹏，罗五金．小学生心理健康问题及其影响因素研究［J］.

医学与社会，2004，17（5）：37-38.

［279］秦雪征，庄晨，杨汝岱．计划生育对子女教育水平的影响——来自中国的微观证据［J］．经济学（季刊），2018，17（3）：897-922.

［280］饶卫，黄云平．工匠精神驱动精准扶贫：融合共生的视角［J］．经济问题探索，2017（5）：45-50.

［281］苏英，洪炜，崔轶．目睹父母间冲突与儿童行为问题［J］．中国临床心理学杂志，2013，21（3）：486-489.

［282］万国斌．家庭环境对婴幼儿智力发展的影响［J］．国外医学：精神病学分册，1998（1）：20-23.

［283］王文礼．《不让一个孩子掉队法案》对美国科学教育的双重影响——基于教育政策工具理论的视角［J］．教育科学，2018，34（4）：73-81.

［284］王小龙．义务教育“两免一补”政策对农户子女辍学的抑制效果——来自四省（区）四县（旗）二十四校的证据［J］．经济学家，2009，4（4）：52-59.

［285］王询，岳园园，朱晨．非认知能力与创业——来自中国家庭追踪调查的经验分析［J］．财经论丛，2018，239（11）：13-21.

［286］吴要武，陈梦玫．当经济下行碰头就业压力——对中国城乡劳动力市场状况的分析［J］．劳动经济研究，2018（3）：3.

［287］夏怡然，苏锦红．独生子女政策对人力资本水平的影响研究——基于2005年1%人口抽样调查微观数据的实证研究［J］．南方人口，2016，31（6）：57-68.

［288］肖树娟，冯晓霞，成丽媛等．不同社会经济地位家庭儿童的入学数学准备状况比较［J］．学前教育研究，2019（3）.

［289］谢宇，胡婧炜，张春泥．中国家庭追踪调查：理念与实践［J］．社会，2014，34（2）：1-32.

［290］徐舒．技术进步，教育收益与收入不平等［J］．经济研究，

2010，9：79-92.

［291］徐耀强．论“工匠精神”［J］．红旗文稿，2017（10）：25-27.

［292］杨琪，张天成，张福兰．湘西州农村中学生健康危险行为与人格特质的关系研究［J］．中国预防医学杂志，2018，19（6）：412-416.

［293］姚先国，周礼，来君．技术进步，技能需求与就业结构——基于制造业微观数据的技能偏态假说检验［J］．中国人口科学，2005（5）：47-53.

［294］姚先国．德国人的“工匠精神”是怎样炼成的［J］．新重庆，2016（11）：46-47.

［295］袁玉芝，叶晓梅．同胞结构对学生认知能力影响的研究——基于 CEPS 数据的实证研究［J］．上海教育科研，2017（3）：34-38.

［296］原新，高瑗，李竞博．人口红利概念及对中国人口红利的再认识——聚焦于人口机会的分析［J］．中国人口科学，2017（6）：19-30.

［297］曾颢，赵曙明．工匠精神的企业行为与省际实践［J］．改革，2017（4）：125-136.

［298］曾湘泉．劳动经济学［M］．北京：中国劳动社会保障出版社，2005：312-421.

［299］张俊娟．教育资助对高中建档立卡户学生心理健康的影响及对策研究［J］．农家参谋，2018（14）：166.

［300］张晓云，杜丽群．认知能力，质量可比的教育与收入——基于对明瑟方程拓展的实证分析［J］．世界经济文汇，2017（6）：39-55.

［301］张艳华，沈琴琴．农民工就业稳定性及其影响因素——基于 4 个城市调查基础上的实证研究［J］．管理世界，2013（3）：176-177.

［302］张玉静，韩布新．影响长寿的生物、心理、行为与社会因素［J］．中国临床心理学杂志，2016，24（4）：741-746+770.

［303］张月云，谢宇．低生育率背景下儿童的兄弟姐妹数，教育资源获得与学业成绩［J］．人口研究，2015，39（4）：19-34

[304] 郑加梅，卿石松. 非认知技能、心理特征与性别工资差距 [J]. 经济学动态，2016 (7)：135-145.

[305] 周金燕，冯思澈. 儿童参与和非认知能力发展之间关系的实证分析 [J]. 中国校外教育，2018 (13)：1-10.

[306] 周洋，刘雪瑾. 认知能力与家庭创业——基于中国家庭追踪调查 (CFPS) 数据的实证分析 [J]. 经济学动态，2017 (2)：66-75.

[307] 朱红，张宇卿. 非认知与认知发展对大学生初职月薪的影响 [J]. 华东师范大学学报 (教育科学版)，2018，36 (5)：42-50+166.

[308] 庄西真. 多维视角下的工匠精神：内涵剖析与解读 [J]. 中国高教研究，2017 (5)：92-97.

附　录

附录1　控制点（Locus of Control）的组成部分和挑战—附属测量

项目	描述
内部控制（Internal Control）	
1	成功是一件艰苦的工作；运气与成功几乎没有关系
2	从长远来看，人们在这个世界上得到了应有的尊重
3	当我制定计划的时候，我几乎可以肯定我能使它们发挥作用
4	发生在我身上的事是我自己的事
5	就我而言，得到我想要的东西与运气没有什么关系
外部控制（External Control）	
1	没有经历失败，一个人就不能成为一个好的领导者
2	人们生活中许多不快乐的事情，部分原因是运气不好
3	升职的人首先是有足够的运气
4	大多数人没有意识到他们的生活在多大程度上受到意外事件的控制
5	很多时候我觉得我对发生在我身上的事情没有什么影响
挑战（Challenge）	
1	你获得升职或更好工作的机会有多重要
2	完成有价值的事情的机会有多重要
附属（Affiliation）	
1	与你共事的人对你的尊重有多重要
2	与你共事的人的友好有多重要

资料来源：Semykina A.，Linz S. J. Gender Differences in Personality and Earnings：Evidence from Russia［J］. Journal of Economic Psychology，2007，28（3）：387-410.

附录2　罗森博格10项自尊量表

1. 我觉得我是一个有价值的人，至少在与他人平等的基础上。
2. 我觉得我有很多优点。
3. 总的来说，我觉得我是一个失败者。
4. 我能像大多数人一样做事。
5. 我觉得我没有什么值得骄傲的。
6. 我对于自己是抱着肯定的态度。
7. 整体而言，我对自己感到满意。
8. 我希望我能够更多地尊重自己。
9. 有时候我确实觉得自己很无用。
10. 有时候我认为自己是一无是处。

受访者被要求对每个项目提供以下回复：

1. 强烈同意这一说法。
2. 同意。
3. 不同意。
4. 强烈不同意。

附录 3　一般自我效能感量表

（GSE Scale）

1. 我将能够实现我为自己设定的大部分目标。
2. 当面对困难的任务时，我确信我会完成它们。
3. 总的来说，我认为我可以获得对我很重要的结果。
4. 我相信只要我下定决心，我大多都能成功。
5. 我将能够成功地克服许多挑战。
6. 我相信我能有效地完成许多不同的任务。
7. 即使遇到困难，我也可以表现出色。
8. 与其他人相比，我能很好地完成大多数任务。

被测试者对以上问题的回答分别为“很不同意”“不同意”“一般”“同意”和“很同意”。

附录 4　中国版 10 项目大五人格量表（TIPI—C）

项目	英文量表	中文量表
1（E1）	Extravert Enthusiastic	外向的、精力充沛的
2（A1）	Critical，Quarrelsome	爱批判人的、爱争论的
3（C1）	Dependable，Self-disciplined	可依赖的、自律的
4（ES1）	Anxious，Easily Upset	忧虑的、易心烦的
5（O1）	Open to New Experiences，Complex	经验开放的、常有新想法的
6（E2）	Reserved，Quiet	内向的、安静的
7（A2）	Sympathetic，Warm	招人喜爱的、友善的
8（C2）	Disorganized，Careless	散漫的、粗心的
9（ES2）	Calm，Emotionally Stable	冷静的、情绪稳定的
10（O2）	Conventional，Uncreative	遵循常规的、缺乏创造性的

注：其中 1、3、5、7 和 9 为正向计分项目，2、4、6、8 和 10 为反向计分项目。五因子的归属情况如下：项目 1 和项目 6 属于外向性因子，项目 2 和项目 7 属于宜人性因子，项目 3 和项目 8 属于尽责性因子，项目 4 和项目 9 属于神经质因子，项目 5 和项目 10 属于开放性因子。该量表为 Likert 7 级量表，1 为“绝对不同意”，2 为“非常不同意”，3 为“基本不同意”，4 为“不确定”，5 为“基本同意”，6 为“非常同意”，7 为“绝对同意”。

附录5 人格特征测量

开放性	1. 你有没有想出别人以前没想到的主意
	2. 你对学习新事物很感兴趣吗
	3. 你喜欢大自然、艺术和音乐等美丽的事物吗
尽责性	4. 做任务时，你很小心吗
	5. 相比努力工作，你更喜欢放松吗
	6. 你工作得很好很快吗
外倾性	7. 你很健谈吗
	8. 你喜欢把你的意见留给自己吗？当你有意见的时候，你更喜欢保持沉默吗
	9. 你性格外向，善于交际，如交朋友比较容易吗
宜人性	10. 你能轻易原谅别人吗
	11. 你对别人很有礼貌吗
	12. 你在时间和金钱上对别人慷慨吗
神经质	13. 在有压力的情况下你放松了吗
	14. 你会担心吗
	15. 你容易紧张吗
毅力	16. 任何你开始做的事情都完成了吗
	17. 你工作很努力吗？例如，当别人停下来休息时，你会继续工作吗
	18. 你喜欢在需要很长时间（至少几个月）才能完成的事情上工作吗

资料来源：Pierre G. Sanchez Puenta M. L. Valerio A. et al. STEP Skills Measurement Surveys：Innovative Tools for Assessing Skills [J]. World Bank，2014：1-104.

附录6 假设实验题
（时间偏好和风险态度）

下列各题均是假设性的，不会给您造成任何经济损失，当您答题时，请想象您处在题目描述的真实情景中。

1. 如果你能选择明天得到1000元或是8天后得到1200元，你会选择？

A. 明天的1000元　　　　B. 8天后的1200元

2. 如果你能选择100天后得到1000元或是108天后得到1200元，你会选择？

A. 100天后的1000元　　　　B. 108天后的1200元

3. 假设你中了大乐透，金额相当于你全家年收入总额，但是要在一年后才能向你支付这些钱。现在如果你愿意放弃其中的一定比例，你就可以马上获得剩下的部分，请问你愿意放弃的比例是多少？

A. 0%　　B. 5%　　C. 10%　　D. 15%　　E. 20%

4. 你更偏好以下哪种情形？（a）确定会获得1000元；（b）有一半的概率获得2000元，有一半的概率获得不了任何收益。

A.（a）　　B.（b）　　C.（a）与（b）对我来说无差别

5. 你更偏好以下哪种情形？（a）确定会损失1000元；（b）有一半的概率损失2000元，有一半的概率不会遭受任何损失。

A.（a）　　B.（b）　　C.（a）与（b）对我来说无差别